그래도, 믿음이 필요하다

그래도, 믿음이 필요하다

지은이 | 강정훈
초판 발행 | 2024. 8. 21
등록번호 | 제1988-000080호
등록된 곳 | 서울특별시 용산구 서빙고로65길 38
발행처 | 사단법인 두란노서원
영업부 | 2078-3333   FAX | 080-749-3705
출판부 | 2078-3331

책값은 뒤표지에 있습니다.
ISBN 978-89-531-4903-8 03230

독자의 의견을 기다립니다.
tpress@duranno.com   www.duranno.com

그래도,
믿음이 필요하다

종교는 있지만 진짜 믿지 못하는 사람들에게

— 강정훈 지음

두란노

● **프롤로그: 왜 인류는 종교를 놓지 못하는가**

 2022년 7월, 선거 연설을 하던 아베 신조 전 일본총리가 해상자위대 출신 남성(야마가미 데쓰야. 44세)의 총에 사망했다. 범행 이유는 '정치'가 아니라 의외로 '종교'였다. 가해자는 "어린 시절 어머니가 신흥종교에 깊이 빠짐으로 10억 원 가까이 헌금해서 가족이 해체되고 집안이 파산했다"며 "통일교와 이에 협조적인 아베 총리는 반드시 벌을 줘야 한다고 원망해 왔다"고 말했다. 역설적이게도, 평화를 외치는 종교가 평화를 깨는 살인의 동기가 된 것이다.

 이에 대해 국민일보는 2022년 7월 11자 종교란에 "아베 총격 사건이 던진 질문… '종교는 무엇입니까?'"라는 헤드라인을 달았다. 해당 기사에서는 살인의 동기가 된다면, 과연 21세기 우리 시대에 종교가 필요한가에 대해 묻는다.

 반면, 지난 해 4월 국민일보와 코디연구소가 실시한 설문조사에 따르면 국민 열 명 중 일곱 명 정도는 종교가 사회적으로 필요하다는 데에 공감했다. 종교가 필요한 이유로는 '도덕성 고양'(26.1퍼센트)과 '사회의 공동선 추구'(20.2퍼센트)가 꼽혔다. 바람직한 종교 역할을 묻는 복수 질문에 '이웃에 대한 사랑' '현실의 고통을 이기게 해주는 것' '사람들의 가치관을 변화시키는 것'이란 답변이 많았다.

종교는 인류 역사에 선인가, 악인가

이런 종교 역할에 대해 의문을 품는 사람들도 있다. 진정 종교는 인류가 필요로 하는 역할을 제대로 감당해 왔을까? 사람들은 평화를 바란다. 그런데 사실 종교만큼 선과 악이 공존하는 두 얼굴이 없다. 세상을 위해 가장 선한 일을 한다고 하면서도, 인류 역사에 두드러지는 해악을 끼친 것도 종교이다.

로마가톨릭교회 수장 프란체스코 교황은 2022년 7월에 캐나다 원주민 아동 학살 등 과거 교회가 저지른 악행에 대해 사과했다. 캐나다 원주민 기숙학교 터에서 1,200구가 넘는 3-16세 원주민 아동의 유해가 발견돼 큰 충격을 줬다. 이들 기숙학교는 1881년부터 1996년까지 캐나다 정부가 인디언과 이누이트족 등 원주민 문화를 말살하고, 백인과 기독교 사회에 동화시키려는 목적으로 설립됐다. 이 가운데 70퍼센트를 가톨릭교회가 위탁 운영했다.

그뿐인가. 로마 교황청의 주도하에 벌어진 십자군 전쟁(1095-1291)은 아홉 차례 전투로 수백만 명의 사상자를 냈다. 교황청은 프랑스 성(聖)바돌로매축제일에 신교도 위그노 7만 명을 학살했다. 종교재판으로 마녀사냥을 하면서 무수한 개신교 신자를 죽였다. 약 150만의 알제리 이슬람교도들이 가톨릭국가 프랑스 식민주의자들의 손에 학살당했다. 유대인 말살이라는 히틀러의 광기에 협력한 것은 교황청과 유럽 천주교, 기독교, 특히 독일 교회였다. 독일 보헤미아 지방에서 구교와 신교 사이에 벌어진 30년 전쟁(1618-1648)으로 다치거나 죽은 사람이 무려 800만 명으로 당시 로마제국 인구의 1/3에 달하는 숫자이다. 조찬선은 《기독교 죄악사》(평단, 2017)에서 교황과 로마가톨릭에 의해 최소 5천만 명에서 1억 명에 가까운 사람이 '그리스도'의 이름으로 피를 흘렸다고 주장한다.

이슬람은 또 어떤가. 이슬람의 정복 전쟁과 테러를 통해 사망하고 부상당한 이들은 수를 헤아릴 수가 없다. 가장 끔찍한 것이 2001년 9월 11일, 이슬람 극단주의자들이 뉴욕 세계무역센터를 공격해서 2,996명의 사망자를 내고 6,000-2만5,000여 명의 부상자를 낸 사건이다. 동아일보는 릴리전오브피스(9·11테러 이후 이슬람 무장단체가 자행한 테러 기록을 집계하고 있는 미국 웹사이트)에 올라 있는 테러 2만5,391건을 분석했다. 9·11테러 이후 14년간 이슬람 테러단체에 의해 사망한 사람은 모두 16만1,663명(부상자 23만8,161명)이나 됐다(2015.1.23).

개신교라고 선한 얼굴만 하고 있는 것은 아니다. 로마가톨릭과는 다른 체계를 갖고 있기에 교단 차원에서 집단 학살이나 범법행위를 한 역사는 상대적으로 많지 않다. 그러나 유럽에 들어간 기독교가 원주민들을 학살하고, 기독교 국가인 영국이 인도, 아프리카 등지에서 저질렀던 수많은 만행은 변명의 여지가 없다. 한국 교회 목회자들의 비리는 그 숫자에서부터 수법까지 황당하기 그지없다. 이단 교주들과 군소교단 목회자들이 벌인 행각은 그렇다 치고, 정통 기독교에서도 비리와 스캔들로 얼룩진 흑역사가 많다.

지금도 중동을 비롯한 이스라엘-팔레스타인 사이에서 벌어지는 전쟁은 기독교와 이슬람, 유대교와 이슬람의 종교전쟁이다. 종교주의자들이 벌인 전쟁으로 많은 사람이 죽었고 죽어 가고 있다. 1, 2차 세계대전을 비롯한 전쟁 사망자보다 종교전쟁에서, 종교라는 이름하에 죽은 사람이 더 많을 것이다. 미국 웨이크포레스트대학교 종교학 교수 찰스 킴볼(Charles Kimball)은 《종교가 사악해질 때》(에코리브르, 2005)에서 이런 내용을 적나라하게 지적한다.

"종교란 무엇인가? 사랑과 평화가 충만하고 마음의 평화를 가져다주는 것인가, 아니면 이 세상에 존재하는 가장 큰 악의 근원인가? 종교는 틀림없이 지상에서 가장 강력한 세력으로서 모든 것에 영향을 미친다. 역사를 통틀어 많은 사람과 신앙 집단들이 종교 사상과 종교적 헌신에 힘입어 편협한 이기심을 초월해 더 고귀한 가치와 진리를 추구할 수 있었다. 역사 기록을 살펴보면 사랑과 자기희생, 그리고 타인에 대한 봉사 등이 깊은 종교적 세계관에 뿌리를 두는 경우가 많다는 것을 알 수 있다.

그러나 역사는 인간이 저지르는 최악의 행동들과 종교가 직접적으로 관련된 경우 역시 많다는 것을 분명히 보여 준다. 인류 역사상 그 어떤 세력보다 종교의 이름으로 치러진 전쟁이 더 많고, 종교의 이름으로 목숨을 잃은 사람이 더 많으며, 요즘은 종교의 이름으로 더 많은 악행이 저질러지고 있다는 말은 조금 진부하기는 해도 어쨌든 슬픈 진실이다."

동양사학자 장 폴 루(Jean Paul Roux)는 *Un Choc de Religions*(종교의 충돌)에서 종교적 광기가 부른 살육의 역사를 다룬다. 오죽했으면 "종교는 악마의 가장 위대한 업적"이라는 말이 나왔을까. 로마공화국의 철학 시인 루크레티우스(Titus Lucretius Carus)도 "종교는 우리에게 해악을 끼치는데 그것이 너무나 위력적이다"라고 말하며 종교의 해악에 치를 떨었다.

종교의 폐해는 종교국가이자 스스로를 선민이라고 칭하는 이스라엘 사회에서도 여지가 없다. 유진 피터슨(Eugene H. Peterson)은 《메시지》(복있는 사람, 2015)에서 이 사실을 제대로 지적한다.

"… 다른 어떤 방식보다도 종교를 명분으로 해서 더 많은 착취와 학대가 행해진다. 섹스나 돈이나 권력도, 악의 원천으로서의 종교에 필적하지 못한다. 종교는 그동안 인류에게 알려진 것 중 가장 위험한 힘이다. 어떤 사람이(혹은 정부나 종교나 기관 등이) 하나님께서 어떤 명분이나 사업을 자신에게 명했거나 허가했다고 확신하게 되면, 그는 그 일을 이루기 위해 수단 방법을 가리지 않게 된다. 세계적으로, 종교에 기반을 둔 증오와 살인과 압제의 역사는 가히 현기증을 일으킬 정도다."

이상으로만 보면, 종교는 세상에 무익하다. 무익 정도가 아니라 백해무익이다. 그래서 공산주의자들은 "종교는 아편이다"(칼 마르크스)라고 비하한다. 현실을 외면하고 환상적 행복에 마취시켜서 순간순간 아편이나 진통제처럼 사람을 나약하게 만들고 기득권 세력만 유익하게 만드는 구조에 종교가 교묘하게 이용된다는 것이다.

영국의 동물학자 리처드 도킨스(Clinton R. Dawkins)는 "신은 망상의 산물"이란 신념을 가진 유명한 무신론자이다. 그는 성공회 수장을 지낸 윌리엄스 전 대주교와의 '21세기에 종교는 설 자리가 없다'는 케임브리지대학 토론회에서(2013. 1. 31) "종교는 잘못된 설명을 퍼뜨림으로써 과학의 노력을 저해한다"며 "종교는 쓸모없고 무의미한 것이다… 종교는 인간의 지적 능력에 대한 배반이자, 우리를 인간답게 만드는 모든 것에 대한 배반"이라고 강하게 종교를 공격했다.

그래도 종교는 필요하다

정말 종교는 아편이나 진통제 정도밖에 되지 않을까? 종교가 사라지면 인류는 종교가 있는 세상보다 훨씬 더 행복할 수 있을까? 종교가 없다면 살인이나 전쟁이 줄어들고 인류는 지금보다 더 평화로운 세상을 만들 수 있을까?

종교가 사라지면 인간의 가치와 삶의 의미가 사라져 버릴지 모른다. 종교가 없다면 정신적인 욕구, 영적인 갈망을 채울 수가 없기 때문이다. 육체의 욕구도 중요하지만 인간 속에 잠재해 있는 정신적 욕구, 영적 갈망은 종교만이 채워 넣을 수 있다. 종교에 대해서 우호적인 태도를 보이는 것은 아니지만 로마가톨릭의 수녀 출신 카렌 암스트롱(Karen Armstrong)은 신의 탄생과 정신의 모험을 다루고 있는《신의 역사》(교양인, 2023)에서 "인간은 자기가 누구인지 깨닫자마자 신을 찾고

숭배하기 시작했다"고 말한다. 그만큼 종교는 인간의 DNA이며, 신을
빼놓고는 인류의 역사를 이야기할 수가 없다.

인간의 정신은 신을 향하도록 프로그래밍되어 있다. 종교는 아편이
라 주장하던 공산주의자 스탈린이나 브레즈네프도 말년에 건강이 악
화되자 성직자에게 기도를 부탁하며 종교에 의지하는 모습을 보였다.
강철 같은 독재자들도 죽음이 가까워지자 두려움에 빠져 저들의 주장
대로라면 '종교라는 마약'으로 버티고 싶었을 것이다.

앞에서 말한 토론회에서 리처드 도킨스의 주장에 대해 윌리엄스 전
대주교는 "종교는 늘 공동체를 만들고 연민의 관계와 동류의식을 만
드는 근원이 돼 왔다"면서 "특히 인권에 대한 현대인들의 태도는 종
교적 전통에 뿌리를 두고 있다"고 강조했다. 이날 토론 직후 회원들은
'21세기에 종교는 설 자리가 없다'는 명제를 놓고 투표를 실시했고, 리
처드 도킨스가 324표 중 136표밖에 얻지 못하면서 윌리엄스에 패했다.
1815년 설립된 이래 윈스턴 처칠, 달라이 라마를 비롯한 세계 저명인사
들이 참석해 왔던 유서 깊은 케임브리지대학 토론회의 지성인들은 비
록 종교가 역사에 해악을 끼쳤다 해도 종교의 필요성과 영속성을 인정
했다.

사정이 이러함에도 지금 세상은 무신론, 종교 해악론, 종교 말살론
이 기세를 떨치고 있다. 특히 대한민국에서 기독교는 비판받고 폄훼되
고 사방으로 공격당하는 중이다. 동성애를 인정하지 않는다고, 차별금
지법에 앞장서서 반대한다고 독선적이면서 시대에 뒤떨어진 구시대
종교유물이라 조롱한다. 이런 일방적인 주장들이 인터넷과 언론 논조

의 대세를 이루면서 청소년, 청년들, 비판적인 시각을 가진 이들이 탈
(脫) 기독교를 외치며 교회를 떠나고 있다.

다른 복음으로 희석되지 않길 바라며

이런 탈기독교 시대에 인생의 오후를 맞이하고 있는 나는 '기독교 신앙은 무엇인가?' '기독교 신앙은 왜 필요한가?'라는 질문과 함께 종교의 의미를 새삼스레 물어보고 싶었다. 어린 시절 초가지붕 예배당에서 걸음마를 뗀 나는 지금까지도 기독교밖에 모른다. 교리를 의심해 본 적도 없고 성경의 일점일획을 그대로 믿고 살아왔다. 그렇게 살아온 세월 동안 많이 행복했고, 지금도 그렇다. 내가 살면서 받은 가장 큰 선물은 예수 그리스도요, 구원자 예수 그리스도를 알려준 기독교요, 그 안에서 행복하게 살게 해준 한국 교회이다.

이렇게 좋은 선물을 글로 나누고 전하고 싶은 생각을 오래전부터 품었다. 무엇보다 1984년에 개척해서 40년을 목회했던 우리 교회 성도들에게 마지막으로 선물을 남기고 싶었다. 오랜 세월을 함께 해온 성도들이 의외로 기독교 믿음에 초보 수준이다. 주일예배에 꼬박꼬박 참석하는 분들이고 내 설교를 사랑해 주었으며 유능하고 점잖은 성도들이지만 믿음을 선명하게 이해하지 못하고 타인에게 명쾌하게 설명하지 못했다. 천국에 대한 확신이 분명한 분들조차 상당히 행위구원에 머물고 있는 것으로 보였다. 행위구원은 바울이 갈라디아교회 신자들에게 경고한 '다른 복음'(갈 1:6-9)이다. 바울은 다른 복음을 전하면 저주를 받는다고까지 하며 강조해 말했는데, 혹시 내가 다른 복음을 전한 것

인가, 성도들이 들은 말씀을 다른 복음으로 희석시켜 버린 것인가(고후 2:17, 4:2) 하는 두려움이 생겼다.

강단을 내려가며

은퇴를 앞두고 있다. 사랑하는 늘빛교회 강단을 떠날 때가 되었다. 그전에 신자들에게 기독교의 '믿음론' 한 부분만이라도 체계적으로 정리해서 전해주고 싶었다. 그것이 40년을 함께 해준, 고맙고 또 사랑스러운 분들에게 드리는 나의 마지막 보답이 되길 바란다.

글을 쓰는 내내 모세를 생각했다. (모세는 내 머리 속에서 빨리 꺼내 달라고 채근이다. 갈렙, 야곱, 요셉, 욥은 쓰고서도 왜 나는 꺼내 주지 않느냐며 나를 억압한다.) 모세는 요단강 목전에서 40년을 광야에서 함께했던 백성들과의 작별 앞에 서 있다. 함께하는 내내 율법을 가르쳐 왔지만 백성들이 미덥지가 않았다. 그래서 긴 강론을 시작한 것이 신명기이다. 백성들이 약속의 땅 가나안에 입성한 후 하나님 앞에서 어떻게 살아야 하는가를 보여 주는 내용이다.

나도 강단을 내려가면서 모세의 심정으로 이 글을 써 내려간다. 다시 유진 피터슨의 글을 옮긴다. 그는《메시지》에서 예레미야에 대해 말한다.

"예레미야의 삶과 그가 쓴 책은 둘로 나뉠 수 없는 하나다. 그는 살았던 대로 썼고, 쓴 대로 살았다. 그의 삶과 책 사이에는 불일치가 전혀 없다. 어떤 이들은, 삶보다 글이 낫다. 또 어떤 이들은, 글보다 삶이 낫다. 그러나 예레미야는 글과 삶이 동일하다."

예레미야와 달리 나는 믿음에 관해 쓰는 이 내용들처럼 살아오지 못했다. 글보다 삶이 나아야 하는데 내게는 삶보다 글이 낫다는 생각이 자꾸 든다. 그만큼 오랜 세월을 기독교 신앙으로 살아온 사람답지 않게 내 믿음은 '삶'에서가 아니라 '글'에서만 강하다. 그래서 믿음에 관해 쓰면서도 그런 생각에 사로잡히면 부끄러움에 머뭇거리면서 며칠이건 한 줄도 쓰지 못할 때가 많았다.

이 책은 한 번에 읽기보다 온 가족이 하루에 한 장(chapter), 혹은 한 주간에 한두 장씩 읽으면서 서로의 생각을 나눠 보기를 바란다. 그래야 이해가 되고 전달이 될 것이다. 이제 이 글은 나를 떠나 누군가를 찾아 갈 것이다. 내 글이 찾아가거든 반갑게 맞아 주기를 욕심내 본다. 그래 서 내가 사랑했던 한국 교회를 함께 사랑해 주기를. 내가 바라는 바는 오직 그것뿐이다. 한국 교회가 다시 인정받고 사랑받기를.

늘빛교회 성도님들에 대한 고마움을 여기에 적는다.

2024년 8월,

강정훈

목차

Part 3 ● 이런 교회가 되게 하소서

Part 1

믿음의
외길을
가게 하소서

1. 종교는 왜 필요한가

　우리는 넓은 의미에서 '종교인'이다. 기독교인들에게 종교는 인생의 기둥이요 삶의 목적이다. 만약 종교가 사라지는 시대가 오면 우리는 기독교가 없이도 잘 살 수 있을까?

　종교학자 닐 콜(Neil Cole)은 《교회 3.0》(예수전도단, 2012)에서 "미래 사회는 종교가 사라져 버린 시대가 될 것"이라고 예견했다. 신경과학자 샘 해리스(Samuel. B. Harris)도 《종교의 종말》(한언, 2005)을 통해 "종교 간의 대립으로 인류 공멸의 위험으로까지 치닫는 현 상황으로부터 인류가 살아남으려면 서로가 납득할 수 있는 새로운 증거와 주장으로 대화에 나서야 하는데 기존 종교의 체제와 교리는 그것을 용납하지 않는다"면서 동양의 영성 혹은 신비주의를 대안으로 제시한다. 이제는 종교체제와 엄격한 교리를 내세우는 종교에게 종말을 고해 버리고 그 자리에 요가나 명상 등의 동양의 영성이 들어가도 얼마든지 인간은 행복할 수 있다는 것이다. 그러나 동양 신비주의도 인간의 욕망 자체를 죄악시하는 지나친 금욕주의로 인간을 억압하고 소외시키는 경향이 강하며 각종 명상과 '영성'마저 돈벌이 수단으로 만들고 있다는 비난도 나온다.

인간에게 종교는 본능이다

크리스토퍼 히친스(Christopher Hitchens)는 《신은 위대하지 않다》(알마, 2012)에서 종교의 폭력성과 야만성을 신의 속성에서 찾는다. 그는 "신과 함께하면 인간은 평화와 행복을 찾을 수 없다"며 "신 없는 인간의 삶이 가능한가"라는 물음에 "가능할 뿐 아니라 그편이 훨씬 낫다"고 단호하게 선을 긋는다. 인류가 신의 섭리에 따라 서로를 짓밟고 살아왔기에 지금부터는 인간다운 판단과 실천으로 신을 떨쳐 버리고 새로운 미래를 꿈꿔야 한다는 것이다.

무신론자이자 과학과 종교 논쟁의 중심에 있는 데이비드 밀스(David Mills)도 《우주에는 신이 없다》(돋을새김, 2010)에서 신은 그저 머릿속에만 존재하기에 "신 없이도 인간은 충분히 행복할 수 있다"며 "신이라는 존재를 가정하지 않았을 때 오히려 자신의 행복을 위해 인생을 충분히 즐길 수 있다"고 말했다. 얼마 전 세상을 떠난 미국 터프츠대학교의 인지과학자 대니얼 데닛(Daniel C. Dennett)도 《주문을 깨다》(동녘사이언스, 2010)에서 "종교는 인간 정신이 만들어 낸 산물에 불과하다"는 말로 무신론을 거들었다.

이들과 같은 '무신론 종교'의 첨병들은 종교를 경멸하고 신을 조롱한다. 종교는 일종의 폭력행위이며, 나쁜 역할도 많이 했고, 터무니없는 생각일 따름이며, 인류 역사에 지은 죄가 헤아릴 수 없이 많다고 종교의 유해를 주장한다. 특히 리처드 도킨스는 "종

교는 이 세계에 존재하는 커다란 악들 중 하나"라면서, 종교를 천
연두 바이러스에 비교한다. 그러면서 그는 무신론자들이 서로 연
대하여 종교를 공격하는 집단행동에 나서야 한다고 극단적으로
말한다.

정말 그럴까? 이들의 주장처럼 인간은 종교 없이도 살 수 있을
까? 막연했던 불안을 극복하고 과감하게 종교를 버리는 무신론자
들이 늘어난다고 해서 종교가 지구상에서 사라질 수 있을까? 독일
의 철학자이며 노벨문학상 수상자 루돌프 오이켄(Rudolf C. Eucken)은
"우리가 종교를 내버릴 수는 있다. 그렇게 하면 정신생활도 인격
도 개성도 다 내버리지 않을 수 없다"라고 말했다.

종교는 왜 영속(永續)의 영역이라고 하는 것일까? 종교는 다양
한 분야의 학자들이 창안해 낸 학문이나 문화, 예술, 문명 정도의
'종교학'이 아니다. 종교심은 동서고금을 막론하고 인류 속에 들
어 있는 DNA요 본능이다. 물론, 리처드 도킨스가 "종교는 여러 발
명품처럼 창작품에 불과하다"[1]고 주장하는 것처럼, 그렇게 생각할
만한 종교들이 많은 것도 사실이다. 그러나 성경은, 이 종교심이
하나님으로부터 왔다고 말한다.

하나님이 모든 것을 지으시되 때를 따라 아름답게 하셨고 또 사람
들에게는 영원을 사모하는 마음을 주셨느니라… 전 3:11

---

1 리처드 도킨스, 《만들어진 신》, 김영사, 2007.

짐승에게는 영원자에 대한 사모함, 영원을 동경하는 마음이 없다. 종교심이 없다는 말이다. 영원을 사모하는 종교심은 인간에게만 있을 뿐이다. 인간은 종교적 존재로 창조되었다. 그런 인간에게 종교가 없는 세상을 가정할 때 "절대적 진리는 인식 불가능"이라는 주장을 펼치고 초자연의 반대자이자 회의주의자로 살았던 철학자 데이비드 흄(David Hume)조차도 말한다. "종교가 전혀 없는 사람을 찾아 보아라. 만일 찾는다면 분명히 어느 정도 짐승에서 멀지 않음을 알게 될 것이다." 찰스 킴볼(Charles Kimball)은 종교의 긍정성과 부정성을 말한다.

"종교 그 자체가 정말로 문제인가? 아니기도 하고, 그렇기도 하다. 오랜 세월에 걸쳐 갖가지 시험을 이기고 살아남은 종교 안에서 우리는 수 세기 동안 수백만 명의 삶을 지탱해 주고 의미를 부여해 준, 생명을 긍정하는 신앙을 발견할 수 있다. 그러나 이와 동시에 사람들을 타락시켜 악행과 폭력으로 이끄는 힘 또한 모든 종교에서 발견된다."[2]

두 가능성에서 무신론자들과 종교반대자들은 독(毒)이 더 많다 하고 우리는 종교적 삶으로 오는 약(藥)이 훨씬 더 많다고 믿는다. 종교학자들은 학문적인 입장에서 나름의 평가를 내리겠지만, 나

---

2 찰스 킴볼, 《종교가 사악해질 때》, 현암사, 2020.

는 오랜 믿음에서 기독교 신앙은 구원이고 기쁨이요 희망임을 경험하며 살아오고 있다.

인생 설계는 과학만으로는 한계가 있다

히브리대학교 교수 유발 하라리(Yuval Harari)의 《사피엔스》(김영사, 2015)와 《호모데우스》(김영사, 2017)는 진화론에 기반을 둔, 인류사에 관한 내용이다. 그는 《사피엔스》에서 아프리카에 살던 별 볼 일 없던 영장류 호모 사피엔스가 어떻게 이 행성을 지배하게 되었는지 그 성공 비결을 설명한다. 인간이 다른 종(種)을 누를 수 있었던 것은 언어 소통, 정보 교환을 하고 집단신화를 믿는 독특한 능력이 있었기 때문이고, 특히 집단신화가 만들어 내는 법, 돈, 신, 국가 등을 믿는 능력 때문에 대규모로 유연하게 협력할 수 있었다는 것이다.

그러면 앞으로도 호모 사피엔스는 행성을 계속 지배하며 행복하게 살 수 있을까? 여기에 대한 답이 《호모데우스》이다. 인간을 성공시킨 집단신화가 21세기 신기술과 만날 때 어떤 일이 벌어질까? 많은 도구, 사상, 직업들이 사라지지만 신념과 종교는 사라지지 않는다고 한다. 다만 유발 하라리가 말하는 종교는 신의 존재를 믿는 것이 아니다. 그는 인간이 죽음을 극복하고 불멸이 됨으로 인간 자력으로 신성(神性)을 지니게 된다는 의미에서 종교를 말한다. 죽음 이후에 가는 천국은 더 이상 매력이 없다. 인간이 죽지 않기 때문이다. 그래서 미래에는 여기 지상에 영생의 세계를 만든다는 것이다.

과연, 인류가 죽음을 보지 않고 천년만년 살고 싶을까? 따뜻한 감정과 정서가 사라진 기계적인 관계들, 예컨대 부모와 자식 간, 교인들, 부부, 친구들 같은 관계가 의미가 있을까? 직업도 사라지고 할 일도 없는 세상에서 무엇에 몰입하고 만족할까? 남는 것은 시간뿐인 곳에서, 가치도 없는 잉여 인간으로 살면서 약물에 중독되고 컴퓨터 인터넷 등 기계의 노예가 되어 있다면 장수가 재앙일까, 축복일까? 인간의 생명은 영원할 수가 없다. 사는 게 힘들어 죽고 싶어도 죽을 수 없는 상태에서 영생을 꿈꾸는 사람은 없을 것이다.

종교심리학자 윌리엄 제임스(William James)는 믿음을 설명하면서 "쓸데없는 논리에 자신을 가두고 아무렇게나 신을 판단하거나 아예 인정하지 않는 사람은 신을 알 수 있는 유일한 기회를 영원히 얻지 못할 것이다"라는 말로 무신론자들의 행보를 염려한다.

종교는 어차피 신비성이 있다. 증명된 것만을 믿는다면 종교가 왜 필요할까? 과학만 있으면 된다. 그러나 인간세계에는 과학만으로 모든 것을 설명할 수 없고 충분할 수 없다. 인간의 기원을 진화론으로 설명해 보지만 상당히 많은 부분이 과학적 가정들에 불과하다. 가정(假定)은 개인의 믿음을 전제로 한다. 샅샅이 카메라로 찍어서 보관해 두지 않는 진화의 과정들을 믿음이 없이 어찌 인정할 수 있을까? 과학만으로는 한계가 있을 수밖에 없다.

우리는 '진화론적 종교'와 '창조론적 종교' 사이에 있다. 과학과 진화론이 감당할 가시권의 세계가 있는가 하면, 종교와 창조론이 감당하는 비가시권이 분명히 있다. 인간은 눈에 보이는 현실에서 살지만 우리 영혼을 채우는 것은 눈에 보이지 않는 비가시권이다. 비가시권의 문제를 인간의 지성이나 육안으로는 분별할 수 없다. 인간의 한계를 인정해야 한다. 그리고 우주의 시작과 끝을 계시하는 성경을 토대로 우리 인생을 설계해야 한다. 그것은 성경을 토대로 하는 믿음이다. 내가 말하고자 하는 믿음론은 여기에 근거하고 있는 것이다.

2. 인류는 종교를 버릴 수 있을까

종교의 기원은 '인간에게 왜 종교가 필요하게 되었을까' 하는 물음으로부터 출발할 수밖에 없다. 이런 질문은 '인간에게 왜 종교가 필요 없게 되었을까' 하는 반대의 의문을 불러오기도 한다. 종교성을 가진 인간들이 왜 군이 종교를 떠나고 있는 것일까?

10년마다 통계청이 실시하는 종교분포조사(2015 인구주택총조사)에 따르면, 한국인의 종교 비율은 종교인이 43.9퍼센트, 무종교인 56.1퍼센트였다. 통계청이 종교 인구를 조사하기 시작한 1998년 이래 처음으로 무종교가 종교 인구를 앞선 통계였다. 그러다가 목회데이터연구소가 발표한 '2023 한국인의 종교생활과 신앙의식 조사'에서는 종교인이 37퍼센트, 무종교인이 63퍼센트로 집계됐다. 탈종교화가 급속히 진행된다는 보고는 여럿 나왔지만 종교인 비율이 40퍼센트 아래로 나타나기는 처음이었다. 종교 인구는 왜 갈수록 줄어들까?

세상은 종교에 실망했다

사람들은 먹고살 만하면 종교를 떠난다. 국민소득이 늘고 사회보장제도에 만족할수록 종교는 집안의 승계가 아니라 개인의 선택사항이 되어 버린다. 미국의 사회학자 필 주커먼(Phil Zuckerman)은 《신 없는 사회》(마음산책, 2012)에서 사회의 구성원들이 자신이 속한 사회가 안전하다고 느낄수록 종교와 멀어지는 경향이 있다면서 덴마크와 스웨덴을 예로 든다. 이들 나라가 극심하게 빈곤했던 시기인 19세기에는 종교의 세력이 막강했지만 지금 덴마크와 스웨덴을 비롯한 스칸디나비아 지역 국가들 대부분은 부유하고 사회복지가 잘 마련된 나라가 된 이후에는 교회를 떠났다.

한국 교회 부흥의 출발은 1970년대에 들어서이다. 1973년 빌리그레함전도집회와 이듬해 한국대학생선교회가 주관한 엑스플로(Explo)74가 도화선이 되었다. 여기에 웃고 울리는 부흥사들이 일어나 신자들을 불러 모으고 기도원 운동이 활성화되면서 급성장했다. 그 시절 기독교 부흥의 바탕에는 가난이 있었다. 빈민층들은 내 힘으로는 가난의 대물림을 끊어낼 수 없음을 알았다. 그래서 그들은 교회를 찾았다. 하나님의 '축복'으로 부자가 되고 신분 상승을 도모하는 신자들로 교회마다 부흥이 일어났다. 국민소득 1만 달러 이하였을 때의 이야기이다. 사람은 삶이 버거우면 종교에 의지하게 되어 있다.

사람들이 종교를 버리는 두 번째 이유는, 영국을 중심으로 일어난 진화론과 무신론의 영향이다. 무신론 과학자와 지성인들은 종교가 인류에게 해롭고 불필요하기에 반드시 없애야 한다고 주장한다. 자유롭고 개방적인 젊은이들이 공감하면서 아랫세대가 종교를 버리고 있다.

그전에도 무신론의 목소리가 없었던 것은 아니다. 대표적인 무신론자가 독일 철학자 프리드리히 니체(Friedrich W. Nietzsche)이다. 루터교 목사의 아들이던 그는 무신론보다 더 담대하게 "내가 하나님을 죽였다!"라며 사신(死神) 철학을 외쳤다. 여기에 동조해서 사신 신학까지 나왔다. 그러나 대중화는 시키지 못했다. 그의 가르침이 너무 오묘하고 황당했기에 일반인들에게까지 파급되지 못했다. 그가 살았던 1844-1900년만 해도 유럽은 경건주의가 힘을 얻고 있었기 때문이기도 하다. 그러나 지금은 상황이 다르다. 무신론자들은 상아탑을 떠나 대중을 업고 있다. 세속화와 다원주의가 팽배하면서 절대적 진리를 인정하지 않는 시대이기에 종교가 갈수록 인기가 없어지는 것이다.

종교를 떠나는 세 번째 이유는, 종교에 대한 혐오심 때문이다. 팔레스타인 무장정파 하마스의 이스라엘 기습 공격과 이스라엘의 대규모 공습 이후 온라인 공간에선 종교 자체에 대한 혐오감이 분출되고 있다. 종교 근본주의가 전쟁을 배경으로 작동하고 있기 때문이다. SNS 공간에선 이번 전쟁을 종교 분쟁으로 규정하는 글이 많다. '종교가 모든 악의 근원이다' 같은 원색적 비난부터 '역사 속 기억할 만한 종교 분쟁은 대개 아브라함으로부터 시작한 세 종교(유대교, 기독교, 이슬람교)에서 기인했다' '증오와 혐오를

전면에 내세우는 종교가 전 세계를 피로 물들이고 있다'라는 지
적들이 많다.[3]

이처럼 종교인에 대한 실망감은 사람들을 교회에서 떠나게 한
다. 한국갤럽이 실시한 종교 인구 조사에서 '종교를 믿지 않는 이
유'에 대해 28퍼센트의 응답자가 '종교에 대한 불신과 실망 때문'
이라고 답했다. 종교가 보여 준 종교답지 못한 모습, 종교인이 보
여 준 종교인답지 않은 행동들이 탈종교의 행렬을 가속화한다.

어쩌다 교회가 이 지경이 되었나

한국인들은 여타 종교보다 유독 기독교에 대해 왜 이리 공격성
을 보일까? 요즘 인기 많은 드라마나 영화를 보면 기독교인 악역
이 단골로 등장한다. 신자들은 물론 교회마저 악한 인물들이 모이
는 공간으로 묘사되고 있다. 물론 종교나 신앙이 다 좋은 것은 아
니라는 사실에 인정한다. 같은 기독교인이지만, 드라마를 보자면
그런 사람들이 교회에 많음을 인정하지 않을 수가 없다. 사랑과
희생의 아이콘이 되어야 할 기독교인이 사회적으로 왜 이리 추한
악인이 되어 버렸을까?

기독교 상담가 스티븐 아터번(S. Arterburn)과 동료 잭 펠톤(J.
Felton)은 교회는 다니지만 일반인들보다 못한 생활 태도를 지닌 사
람들을 현장에서 만나고 상담한 결과를 토대로 《해로운 신앙》(그

---

3 국민일보, 2023. 10. 13

리심, 2013)을 펴냈다. '해로운 신앙'은 '나쁜 신앙'의 다른 말이다. 저자들은 종교에 중독되어 버린 신앙과 영적 학대를 받도록 유도하는 신앙심을 대표적인 해로운 신앙이라고 규정한다. 해로운 신앙이라고 해서 사회적으로 물의를 일으키는 사이비 종교단체나 이단 집단에만 해당하는 것이 아니다. 겉으로는 점잖고 교리적으로 흠이 없는 정통파 교회 안에서도 해로운 신앙들은 얼마든지 발견할 수 있다. 그들은 해로운 신앙을 '하나님과의 관계가 아니라 개인의 삶을 통제하는 종교에 파괴적이고도 위험할 정도로 몰두하는 것'이라고 말한다. 광신보다는 종교적 자폐증 증세를 지적한 것이다.

서울시 강서구 화곡동 3층 상가에 교회를 개척하고 얼마 되지 않았을 때 한 자매가 등록했다. 청와대에서 타자수로 근무한다는 자매의 눈동자에서 안정되지 못한 모습을 보았다. 여러 해를 선교단체가 주관하는 서울역 근방의 목요 찬양예배에 빠짐없이 참석했는데 찬양인도자와 결혼하라는 하나님의 음성을 들었다고 했다. 그 찬양인도자 청년도 알고 있느냐 했더니 정작 당사자는 모른다는 것이다. 자매는 교회생활을 하면서 계속 강박증에 시달리는 모습을 보였다. 매일 출근하는 청와대가 너무 무섭다고 말했다. 경직된 사무실 분위기에 숨이 막히고 타자를 치면서 한 자라도 틀리면 국가경영에 큰일이라도 생길 것 같은 과잉 두려움에 근무 시간이 피를 말린다고 했다.

그런 강박증에서 피신처가 되어 준 곳이 종교였고 선교단체의 찬양예배였다. 찬양예배를 드리는 시간만큼은 몰입할 수 있어 좋았다. 무엇보다 찬양인도자가 자기를 청와대에서 구원해 줄 메시아처럼 생각되어 마음이 편하다고 했다. 찬양인도자에게 마음을 고백할 생각이 있느냐, 물었더니 그럴 필요가 있느냐며 내 마음이 이렇게 인도자에게 가 있으니 성령님이 인연을 맺어 주실 것이라며 확신에 넘쳤다. 지나치다 싶을 만큼 성경 말씀보다는 직통계시에 연연했다. 자신의 영적 상태를 바르게 진단했다면 기독교 신앙을 통해서 마음을 치유받고 건강한 신앙생활을 할 수 있었을 텐데 잘못된 신앙심으로 오히려 사고에 문제가 생기고 어느 날부터 교회에 나오지 않더니 동네에서 종적을 감추어 버렸다.

　오랜 세월이 흘렀는데 과연 정상적으로 믿음생활을 하고 있을까? 자매의 경우가 종교 중독 내지는 종교 자폐증으로 생긴 해로운 신앙이다. 남들에게만 해가 아니라 자신에게 더욱 해로운 신앙이다. 상담학박사 박수경은 종교중독을 이렇게 설명한다.

　"종교중독이란 종교 집단의 교리나 가르침을 전혀 의심하지 않고, 절대적으로 무비판적으로 받아들이는 행위를 말한다. 종교중독에 빠진 자들은 신을 믿기보다는 종교 활동이나 교리 등 신 이외의 것에 집착하여 실천과 봉사를 통해 자신의 존재감을 드러내고 인정받고자 하는 성향이 강한데 이것은 현실의 고통을 회피하고자 하는 내면의 정서에 기인한다."[4]

해로운 신앙의 가장 두드러진 형태가 종교와 교회를 자기 이익에 이용하는 어용신자들이다. 보험설계사 아무개는 우리 교회에 등록한 후에 신자들의 자동차를 조사하고 보험을 들게 하더니 몇 달 만에 이렇다 저렇다 말도 없이 사라져 버렸다. 이런 사람에게 신앙은 목적을 이루는 수단에 불과하다. 신자들에게는 해로운 신자이고 비신자들에게는 나쁜 기독교 신자가 되어 한국 교회를 나쁜 종교라고 도매금으로 욕먹게 한다.

이와는 조금 결이 다르지만, 조정민 목사도《교회 속 반그리스도인》(두란노, 2024)에서 "진짜 적은 내부에 있다"고 쓴다. 그는 성경을 읽으며 '과연 나는 예수를 제대로 따르는 그리스도인인가'를 고민하던 중에 목회하는 교회를 보면서도 같은 질문이 떠올랐다고 했다. "같이 예배하는 이들 역시 모두 그리스도인은 아닐 수 있다는 사실에 눈떴기 때문"이다. 반(反)그리스도인으로 사는 이들이 교회는 왜 다니는 걸까? 또 교회는 어쩌다 이런 이들로 북적이게 됐을까? 조정민 목사의 답은 분명하고도 단호하다. "가치 있는 곳에 가짜들이 꾀는 법"이기 때문이다.

미국 클레어몬트대학원 교수 마이클 셔머(M. Shermer)는《왜 사람들은 이상한 것을 믿는가?》(바다출판사, 2007)에서 '이상한 믿음'의

4 박수경,《관계 중독》, 가은, 2022.

특징을 여섯 가지로 소개한다. 교주를 신격화시키고 숭배의 대상
으로 여기도록 한다. 신도의 재산이나 성(性), 노동력을 착취한다.
자기 종교나 종파만이 절대적 진리나 도덕을 알고 있다고 배타적
으로 주장하며 신도들에게 선민의식을 심는다. 자기 종교가 가진
중요한 결함과 비리는 신도들에게 철저하게 은폐한다. 교리와 조
직, 재정이 투명하지 않다. 신도로 끌어들이기 위한 특별한 선교
수단들이 존재한다. 신비주의 분위기를 형성한다.

이 정도가 되면 사이비종교 수준이고 이단교회이다. 그러나 정
통적인 한국 교회 안에도 '이상한 것을 믿는' 교회가 널려 있지 않
을까 싶다. 이상하게 믿는 이상한 신자, 해로운 신자들로 한국 교
회는 지난날 쌓아 온 점수들을 야금야금 까먹고 있는 것이다.

죽음 이후의 답을 종교에서 찾았다

인간과 신, 인간과 종교는 떠날 수 없는 쌍둥이 운명이다. 하나
님이 인간을 창조하실 때에 '영원성'이라는 종교 DNA를 넣었다.
그래서 인간은 영원을 사모한다. 또 누구에게나 어머니와 고향을
그리워하고 첫사랑을 추억하는 마음이 있듯이 신을 사모하는 심
정이 있다. 인류는 하나님을 떠나서는 살 수가 없다. "사람들이 더
이상 신을 믿지 않게 되었다고 해서 아무것도 믿지 않는 것은 아
니다. 오히려 무엇이든 닥치는 대로 믿는다"라고 했던 영국의 소
설가 G. K. 체스터턴(G K Chesterton)의 말은 옳다.

미국의 대표적 문학이론가이자 법률학자인 스탠리 피쉬(Stanley

E. Fish) 박사에게 기자가 물었다. "고등이론, 학문의 세계에서 지성
적인 에너지의 중심을 이루던 인종과 성(性), 계급이란 삼두체제가
물러나면 무엇이 그 뒤를 이을 것 같은가?" 스탠리 피쉬는 간단히
대답했다. "종교다!"

세상의 모든 것은 다 사라져도 종교는 영원하다는 것이다. 물론
종교 인구의 성장을 말하는 것은 아니다. 과학이 발달할수록, 먹
고살 만한 풍요로 채워질수록 종교는 인기를 잃을 것이다. 그리고
종교인들 사이에도 두 부류가 생겨날 것이다. 더 신앙적인 사람과
덜 신앙적인 사람들이다.

1987년 삼성그룹 창업자 이병철 회장이 타계하기 직전 박희봉
신부를 통해 정의채 신부에게 네 쪽짜리 질문지를 전달했다고 한
다. 신과 구원에 관한 스물네 가지 종교적인 질문을 직접 손으로
쓴 단아한 필체의 질문지이다. 거기에는 이런 질문이 있었다.

신의 존재를 어떻게 증명할 수 있나? 신은 왜 자신의 존재를 똑똑히
드러내 보이지 않는가?
신이 인간을 사랑했다면, 왜 고통과 불행과 죽음을 주었는가?
언젠가 생명의 합성, 무병장수의 시대도 가능할 것 같다. 이처럼 과
학이 끝없이 발달하면 신의 존재도 부인되는 것이 아닌가?
죽은 후에 영혼은 죽지 않고, 천국이나 지옥으로 간다는 것을 어떻
게 믿을 수 있나? …

　　죽음 앞에서 알고 싶었던 24개의 질문은 누구나 갖는 질문이며 죽음 앞에서 얻고 싶은 답이다. 대한민국 최고의 부자도 죽음 앞에서는 결국 종교에게 길을 물을 수밖에 없었을까? 종교는 인간 역사와 함께 그 운명을 같이한다. 나는 감사하게도 나의 미래에 대해, 죽음 이후에 대한 해답을 기독교에서 찾았다.

3. 종교를 가진 사람들이 더 행복할까

필 주커먼은 종교와 사회의 관계를 사회과학적 시선으로 바라보며 세속성, 무신론 등을 연구하는 무신론자다. 그는 《신 없는 사회》에서 "더 이상 신앙은 필요 없다"고 하더니, 이후에 출간한 책 《종교 없는 삶》(판미동, 2018)에서는 비종교적인 분위기 속에서 오히려 도덕적이고 풍요로운 사회가 만들어질 수 있음을 주장한다.

그는 그의 책에서 직접 실시한 인터뷰를 바탕으로, 종교의 힘이 그리 강하지 않은 사회에서 사람들이 어떤 식으로 현재를 살아가고 죽음을 마주하며 초월적 존재를 현실적 존재로 만드는지를 기록한다. 종교성이 약한 북유럽 사회가 도덕적, 윤리적, 경제적으로 문제가 없고, 오히려 종교성이 충만한 미국 사회보다 풍요롭게 살아간다는 구체적인 사례를 보여 준 후에 이렇게 결론을 내린다.

"신이 없는 사회는 어떤 모습일까? 나는 덴마크에서 1년여 동안 살면서 그런 사회를 직접 경험했다. 스웨덴에도 여러 차례 장기간 체류했다. 내 경험상 그런 사회는 부드럽고, 차분하고, 사람에게 많은 생각을 하게 해주는 곳이었다. … 수많은 사람이 살고 있는, 이 현대적인 사회가 이토록 매끈하고 공정하게 돌아갈 수 있다는 사실이 정말 놀라웠다."[5]

어차피 종교는 도박이다

'전투적 무신론자' 리처드 도킨스의 도발적인 목소리보다 필 주커먼의 '종교가 없이도 그리 위험한 것은 아니다'라는 주장이 더 설득력 있게 다가온다. 그의 말대로 어쩌면 인간은 종교 없이도 얼마든지 행복하게 살 수 있다. 기독교적 열정을 상실한 북유럽인들이 복지, 교육, 건강, 인권, 평등, 범죄율, 부패지수, 자살률 등 거의 모든 분야에서 '종교적인' 미국인들보다 더 건강하고 행복한 삶을 산다는 통계도 사실이다. 그러나 그런 통계들의 이유는 먹고살 만한 선진국이기 때문이지, '종교가 없기 때문에'는 답이 아니다.

또한 필 주커먼은 《신 없는 사회》에서 "오히려 종교에 의지하는 사람들이 죽음이 다가올수록 두려워하며 죄책감을 느낀다"는 말을 서슴없이 한다. 이런 말은 좀 과하다. 기독교인들이 죽음을 앞에 두고 죄책감을 느끼기도 하지만 그건 기독교에 대한 몰이해이다. 기독교는 어느 종교보다 죄의 문제를 예민하게 받아들이기 때문에 죽음 앞에서 잠시 잠깐 죄책감을 강하게 느낄 수 있다. 그러

---

5 필 주커먼, 《신 없는 사회》, 마음산책, 2012.

나 곧이어 다가오는 천국에 대한 소망이 더 크기에 마침내 편안하게 숨을 거둔다. 또한 기독교인들에게 죽음은 영원한 이별이 아니라 천국에서 다시 만난다는 소망이 있기에, 사랑하는 사람의 죽음 앞에서 위로를 얻는다. 그래서 시인 T. S. 엘리엇(Thomas S. Eliot)이 했던 "죽음 자체가 두려운 것이 아니라 죽음이 곧 끝이 아닐까 봐, 우리는 그게 두렵다"라는 역설적인 말은 종교가 얼마나 위로의 영역인가를 보여 준다.

계몽주의 사상가 볼테르(Voltaire)는 스스로 기독교를 방해하고 말살하기 위해 펜을 사용했다고 말하고 다닐 만큼 기독교를 증오했다. 예수님을 비열한 자라고 저주를 퍼붓기도 하고, 20년 안에 기독교는 존재하지 않을 거라면서, 자기 한 손으로 열두 제자가 만들어 놓은 기독교 체계를 허물어 버릴 것이라고 호언했다. 오죽했으면 그의 사망 소식을 듣고 기독교인이던 음악가 모차르트는 "악당 괴수가 드디어 죽었답니다"라고 아버지에게 편지하며 기쁨을 드러냈을까. 볼테르의 임종을 돌보았던 간호사는 "그렇게 고통스러운 얼굴로 죽어 가는 환자를 본 적이 없다. 유럽의 모든 재산을 다 준다 해도 다시는 그런 죽음을 보지 않겠다"라고 말했다. 주치의는 볼테르의 마지막 말을 전한다.

"나는 하나님과 인간에게 버림받았다! 만일 당신이 내게 여섯 달 동안 살 수 있게 해준다면 내 소유의 절반을 주겠소. 나는 지옥으로 갈 거요. 오 예수 그리스도여!"

자기 손으로 기독교 체계를 허물 거라고, 20년 안에 기독교가 사라질 거라고 호언했는데 오히려 그의 집은 성경 창고가 되었다.

이렇게 말한다면 어떤 이들은 반문할 것이다. "하나님을 믿고 꼬박꼬박 주일을 지키고 십일조를 내고 봉사하고 양심의 가책을 느끼며 살았는데 죽어 보니 천국이 없으면 어떡할 것인가!" 물론 그 말도 맞다. 하나님도 천국도 없고 다시 만날 소망으로 살아왔던 사람들과의 재회도 없다면 어쩌겠는가. 평생 한 믿음생활은 말짱 도루묵이고 엄청난 종교사기를 당한 것이다. (만약 그게 맞다면 나 같은 목사들은 대 사기꾼이다!) 그래서 분자유전학자 자크 모노(Jacques Monod)와 철학자 버드런트 러셀(B. Russell)은 사후의 삶이 존재하지 않는다는 걸 깨닫는 것은 참으로 맥 빠지는 일이라고 말한다.[6] 기독교인들을 조롱하는 말이다.

그러나 이런 주장에는 어폐가 있다. 죽음 이후의 세계가 없다면 그저 사멸이다. 그러니 사후가 없으면 후회고 뭐고 없다. 이럴 바에는 긍정적인 편에 서는 것이 낫지 않겠나. 프랑스의 수학자 파스칼(B. Pascal)은 이에 대해 답을 준다.

"어차피 종교는 도박이다! 열심히 믿음생활을 하다가 죽었는데 내세도 천국이 없다면 과히 큰 손해를 보는 것은 아니다. 신앙생활을 통해 위로를 얻었고 행복했다. 또 종교적 가르침이 나를 좋은 사람으로 만들었지 나쁜 사람으로 만들진 않았다. 또한 죽어 천국이 있

---

6 루이스 월퍼트, 《믿음의 엔진》, 에코의서재, 2007.

다면 이건 내 생애 중에서 최고의 대박이다. 이왕 도박을 걸려면 나는 천국이 있다는 쪽으로 걸겠다!"[7]

종교가 있으면 행복할까

나는 파스칼의 말에 전적으로 동의한다. 어쩌면 내 마음과 똑같은 말을 했을까! 당연히 하나님이 존재하시고 천국이 있겠지만, 행여 없다 해도 사는 동안 기독교 신앙으로 살아온 내 인생은 너무나 행복했고 든든했고 기뻤다. 우리 성도들에게 본의 아니게 사기 친 것은 미안하지만(?) 좋은 사람으로 살라, 주일마다 교훈했으니 사는 데 도움은 되었을 것이다.

그러나 분명한 것은, 천국은 확실히 있다는 사실이다. 성경은 하나님의 계시의 책이다. 성경 말씀에 의하면 하나님은 '만들어진 신'도 아니고 기독교는 인간의 종교 산물도 아니다. 인간을 구원하시기 위해 주신 하나님의 선물이다. 그래서 우리는 기독교를 '종교'라 하지 않고 복된 소식, 복음(福音)이라고 하는 것이다! 나는 지금도 기독교 신앙으로 이생에서도 쾌적하고 사후에도 영생하리라는 소망으로 살아간다는 사실에 기쁨을 누리며 어느덧 은퇴를 바라보고 있다. 기독교 신앙이 아니면 무엇이 나로 웃게 하며 행복한 삶을 살아오게 했을까.

대한민국 인구의 절반 정도는 종교인이다. 물론 모두 행복한 종

7 블레즈 파스칼,《팡세》, 민음사, 2003.

교생활을 하고 있다고 단언할 수 없다. 신상명세서 종교란에 '○○
교'라 적어 놓고 잊어버리는 사람들도 많다. 냉담신자들도 종교가
삶을 행복하게 만들어 간다는 것에는 관심이 없다. "종교를 가져
행복하냐" 묻는다면 "글쎄요!" "그게 중요한가요?"라는 말로 답을
회피할 것이다. 사실이 그렇기 때문이다. 그러나 거듭난 기독교인
들에게 물으면 답은 달라진다. 기독교인들에게 종교와 행복의 관
계는 상당히 밀접하다.

　이무석 전 전남대학교 의과대학 교수는 국내에 다섯 명뿐인 국
제 정신분석가이다. 독실한 기독교인으로 종교적 삶을 설파해 온
이 교수는 우리나라에 '정신분석'이란 단어가 낯설던 때부터 정신
분석을 해왔다. 그는 한 매체와의 인터뷰 중 "종교의 유무와 행복
은 어떤 상관관계가 있나?"라는 질문에 이렇게 답한다.

　"신앙을 가진 사람들은 행복하다. 연구에 의하면, 신앙이 있는 사람
　들은 신앙이 없는 사람들보다 병에 잘 걸리지 않을 뿐만 아니라, 혹
　병에 걸려도 치료가 더 잘된다고 한다. 의사들의 96퍼센트가 신앙이
　병 치료에 도움이 된다는 것을 인정했다. 신앙을 가진 사람은 마음
　이 비교적 안정돼 있기 때문이다."[8]

　하버드대학교 의과대학 교수 조지 베일런트(George Vaillant)의 책

8　김아리 자유기고가와 '종교적 삶'에 관한 주제로 나눈 인터뷰(한겨레21 1204호, 2018.
　3. 15)

《행복의 조건》(프런티어, 2010)에는 '하버드대학교 인생성장보고서'라는 부제가 달렸다. 하버드대학교 연구팀이 1930년대 말에 입학한 2학년생 268명을 대상으로 그들의 생애를 72년 동안 추적하는 장기 프로젝트를 실시했는데, 그 내용이 책에 담겼다. "행복한 삶에도 공식이 있을까?"라는 물음으로 출발한 연구팀은 42년 동안 연구대상자들을 관찰하고 물음에 대한 답을 찾아낸다. "그들은 어떻게 오래도록 행복했을까?"에 대한 답을 일곱 가지로 요약하는데, 반갑게도 "교회에 다니는 사람들은 살면서 더 많은 기쁨을 누린다"는 내용이 나온다. 신자들이 더 많은 기쁨을 누리는 이유에 대해 "왜 그런지는 우리도 알 수 없다"면서 설명을 피하고 있다.

조지 베일런트와 같은 전문가가 아니라도 기독교 신자들은 타종교와는 달리 기쁨과 행복지수가 높다. 불교는 독경과 명상으로 고요함을 찾고, 유교는 남성 위주의 종교이다. 남성들은 체면과 형식에 신경을 쓴다. 그러기에 기쁨을 외부로 표현하고 행복감을 드러내는 데는 약하다.

기독교는 상당히 긍정적이고 동적인 종교이다. 읊조리는 불교 기도와는 달리 대부분 기독교인들의 기도는 열정적이고 힘이 있다. 그러다 보니 종교를 통해 오는 행복도 크다. 신구약 성경에서 '기쁨'이라는 단어를 검색했더니 107회나 등장한다. 기쁨은 곧 행복의 다른 말이라 본다면 기뻐하라는 가르침을 따르는 그리스도인들의 행복은 당연하다.

2016년 영국 통계청이 발표한 연구 결과는 종교인들 중 기독교인이 삶에 대한 만족 지수가 가장 높은 평균 7.60을 기록했다. 연구팀은 "교회 출석률과 삶의 만족도가 정비례하는 경향을 보였다"며 "예배 참여 등을 통해 신앙인들과 교제하고 동화되는 것이 더욱 행복해지는 데 도움을 줄 수 있다는 잠정적인 증거를 제공한다"고 설명했다.[9]

존 미클스웨이트(John Micklethwait)와 에이드리언 울드리지(Adrian Wooldridge)도 그들의 책 *God Is Back*(신이 돌아왔다)에서 "부의 정도와 상관없이 기독교 신자들은 세속적인 사람들에 비해 더 건강하고 행복하다는 증거가 상당히 있다"라고 주장했다.

"피츠버그 의과대학의 데이비드 홀은 매주 교회에 가면 수명이 2-3년 늘어날 수 있다고 생각한다. 1997년 듀크 대학 메디컬센터에서 노인 7,000명을 대상으로 한 연구에서는 종교 의식을 행하면 면역계와 저혈압을 개선할 수 있다는 결과가 나왔다. 1992년에는 미국에서 영성과 건강의 관계를 검토하는 프로그램을 실시하는 의과대학이 세 군데 뿐이었지만, 2006년이 되자 그 수는 141군데로 늘어났다"[10]

과연 종교를 가진 사람들이 더 행복할까? 이 질문에 대한 답은 단순하지 않다. 종교의 기본정신을 놓친 사람들에게는 종교가 유

9   데일리굿뉴스, 2023.11.28.

10   피터 왓슨, 《무신론자의 시대》, 책과함께, 2016.

해한 것이다. 이단이나 종교중독에 빠진 이들은 종교 때문에 인생의 소중한 것을 놓쳐 버린다. 미국의 성직자 프랭크 크레인(Frank Crane)의 말은 일리가 있다. "지나치게 믿으면 기만당할 수 있지만, 충분히 믿지 않으면 고뇌 속에 살게 된다."

우리 같은 사람들이야 그 어떤 것보다 기독교 신앙으로 살아왔다는 것이 하나님의 선물이고 인생의 행운이다. 기독교 신앙은 내 인생의 큰 기둥이다. 나팔꽃에게 스스로 솟아오르는 힘이 없듯이 기독교 신앙이라는 큰 기둥이 없었다면 오늘의 내 인생은 없다. 기독교는 어떤 사상, 학교, 단체, 인물보다도 오늘의 나를 있게 해준 고마운 종교이다. 교회를 다니며 살아온 삶이 아주 행복하고 뿌듯하다. 내놓을 게 없는 사람이 이렇게 행복하게, 높은 자존감으로 살아올 수 있었던 것은 예수 그리스도와 그분의 가르침을 만났기 때문이다. 그래서 나는 한국 교회를 사랑하지 않을 수가 없는 것이다.

그러니 기독교 믿음의 기초를 단단히 세우기를 바란다. 우리가 믿는 이 진리가 얼마나 위대한 것인가를 확인하기를 바란다. 그래서 내가 누린 행복을 모두 함께 누리게 되기를 온 마음을 다해 축복한다.

Part 2

믿음의
용사가
되게 하소서

4. 믿음의 본질
: 믿음이란 무엇일까?

신약성경에 '믿음'을 뜻하는 단어가 600여 회 이상 나온다. 그
만큼 성경은 믿음의 책이다. 성경에서 믿음을 빼면 아무것도 남는
것이 없고, 믿음이 없는 신자는 교주의 가르침을 따르는 종교인에
불과하다.

히브리서 기자는 "믿음은 바라는 것들의 실상이요 보이지 않는
것들의 증거"(히 11:1)라고 정의한다. 믿음은 볼 수 없는 것을 볼 수
있게 하는 단서라는 것이다. 누구도 하나님과 영적 세계를 보여
줄 수도, 증명해 보일 수도 없다. 초월자 하나님은 인간의 가시권
에 계신 분이 아니다. 우리는 하나님의 존재와 창조에 관한 사실
을 믿음으로 받아들인다. 만물에 대한 과학적 판단들은 여러 모양
으로 진화론을 가리킨다고 하지만 우리는 과학이 가리키는 것을
보지 않고 성경이 가리키는 하나님의 창조를 받아들인다. 이것이
믿음의 힘이다.

하나님의 은혜로 어린 시절부터 믿음 안에서 살아왔고, 은퇴를
앞두고 있는 지금까지 그 믿음을 놓아 버린 날이 없다. 하나님을

본 적도, 소리를 들은 적도 없다. 이렇다 할 영적 체험이 없음에도 의심해 본 적이 없으니, 이는 신념이 아니라 분명 신앙에 속한다. 신념이라면 흔들리고 버릴 수 있다. 신앙이기에 흔들리지 않았다. 그것이 하나님으로부터 온 신앙이라면 불변이다. 어떤 이들은 이 신앙을 지키기 위해 순교까지 한다. 그래서 믿음은 굉장한 힘이다. 믿음은 세 가지를 요구한다.

믿음은 '수용'이다

기독교의 믿음은 증명이 아니라 말씀에 근거한 수용(受容)을 전제로 한다. 수용은 '받아들임'이다. 어떤 정보를 받아들일 때 알면서 받아들이는 것과 모르면서도 받아들이는 것이 있다. 알면서 받아들이는 것은 증명된 것이기에 누구나 받아들이는 '지식'에 속하지만, 모르면서도 받아들이는 것은 '믿음'에 속한 영역이다. 눈앞에서 증명되는 것은 아니지만 그런 줄로 믿고 받아들이는 것이다.

기독교 신앙의 대상인 하나님은 증명이 아니라 믿음을 전제로 한다. 중세 그리스도교의 대표적 신학자이자 스콜라 철학자인 토마스 아퀴나스(Thomas Aquinas)가 하나님의 존재를 증명하기 위해 우주론적 증명, 존재론적 증명, 목적론적 증명 등의 다섯 가지 논리를 명료하게 펼쳤다. 그렇지만 믿지 못하면 그런 이론은 아무 소용이 없다. 아무리 대단한 신학자가 평생을 연구하고 집대성했다 한들, 또 아무리 많은 사람이 그 이론을 따른다 한들, "난 증명된 것만 믿어!" 하는 사람에게는 타 버린 연탄재처럼 별 가치가 없는 것이다.

토마스 아퀴나스조차도 그 사실을 알았기에 여러 증명을 동원해 놓고서도 "인간이 신에 관해 알 수 있는 것은, 신이 인간 이해의 영역을 초월함을 깨닫고 인간이 신을 도저히 이해할 수 없다는 것을 아는 것이다" "믿음을 가진 이에게는 어떤 설명도 필요 없고 믿음이 없는 자에게는 그 어떤 설명도 불가능하다"라고 말했다. 하나님의 존재는 인간 이성에 의해 증명될 수 없음을 인정한 것이다.

믿음의 속성이 그렇다. 기독교 신앙은 증명되기에 믿는 것이 아니라 하나님의 말씀이기에 믿는다. 하나님이 인간 이성으로 증명되든 증명되지 않든 우리는 성경 말씀이 계시하는 하나님을 믿음으로 수용한다. 그래서 기독교 믿음의 본질에서 수용은 그 첫걸음이다.

히브리서 11장을 믿음의 전당(殿堂)이라고 한다. 아브라함을 시작으로 내로라하는 신앙인의 명단이 새겨져 있다. 그들은 무엇을 믿었는가?

믿음이 없이는 하나님을 기쁘시게 하지 못하나니 하나님께 나아가는 자는 반드시 그가 계신 것과 또한 그가 자기를 찾는 자들에게 상 주시는 이심을 믿어야 할지니라 히 11:6

신앙의 위인들은 경배 대상으로서의 유일신 하나님을 '반드시' 믿었다. 여기에서 우리가 꼭 짚고 넘어가야 할 것이 있다. 사탄도 하나님을 인정하는 믿음이 있었다는 사실을 아는가(약 2:19). 하나님이 계신 것을 반드시 믿어야 한다는 것은, 구체적으로 '어떤 하나님을 믿어야 하는가?'를 말한다. 우리는 구약시대에 모세나 선지자들을 통해 계시되고 신약시대 독생자 예수 그리스도를 통해 나타난 성경의 하나님, 삼위일체의 하나님을 믿어야 한다. 하늘님, 하느님, 신령님 같은 하나님 짝퉁 계열의 천신(天神)들의 허상을 수용한다고 그것이 구원에 이르는 참 믿음은 아니다.

독생자를 보내 주신(요 3:16) 사랑과 구원의 하나님, 아들을 주시면서까지 우리를 사랑하신 그 하나님을 믿어야 한다. 구세주 예수 그리스도를 받아들이고 예수님이 보여 주신 하나님의 현존을 '내가' 진실하게 수용하는 것이 참 믿음이다.

믿음은 '동의'이다

수용이 믿음의 대상으로 '하나님'을 받아들이는 믿음이라면, 동의(同意)는 하나님이 하신 '일'에 대한 믿음이다. 믿음은 하나님이 예수님을 통해 이루어 놓은 일에 "아멘!" 하고 동의하는 것이다.

예수는 우리가 범죄한 것 때문에 내줌이 되고 또한 우리를 의롭다 하시기 위하여 살아나셨느니라 롬 4:25

하나님이 예수님을 통해 십자가와 부활을 일으키셨다. 십자가는 나의 죄를 제거하고 부활은 나의 신분을 의롭게 한다! 이것이 기독교 믿음의 두 기둥이다. 선행을 베푸는 착한 그리스도인이라 해도 십자가와 부활을 믿지 않으면 종교적 크리스천이지 구원받은 크리스천이 아니다. 하나님을 믿음의 대상으로 수용하고 하나님이 아들을 통해 이루신 그 내용에 동의하지 않는다는 것은 "그는 믿지만 그가 한 일은 못 믿어!" 하는 격이다. 이것은 믿음이 아니다. 하나님의 존재를 믿는다면서 그분이 하신 일을 믿지 않는다면 어찌 구원받은 믿음이라 할 수 있을까?

성경 인물들은 하나님의 구원 방법에 하나같이 동의한 사람들이다. 아담, 아브라함, 노아, 다윗 등, 모두 하나님이 지시하실 때에 "아멘!" 한 사람들이다. 베드로가 "… 회개하여 각각 예수 그리스도의 이름으로 세례를 받고 죄 사함을 받으라 그리하면 성령의 선물을 받으리니"(행 2:38) 외칠 때 이에 대해 "아멘, 동의합니다!" 하고 진심으로 받아들일 때 구원받는다.

여기서 "받으라" "받으리니" 하는 말은 동의를 요구하는 것이다. 또 사도들이 "주 예수를 믿으라!" 할 때, "믿으라" 역시 동의를 요구한다. 이 말은 "예수가 하나님이 보내신 구세주임에 동의하라. 십자가를 통해 죄사함과 구원을 주시는 하나님의 구원 방법에 동의하라!"이다. 베드로의 말을 듣고 "내가 동의합니다!" 했을 때 사람들이 죄사함을 받았다.

십자가의 한 강도는 예수님의 말씀에 동의했고 구원받았다. 행위가 아니라 동의로 구원받은 것이다. 다른 강도는 동의하지 않았다. 죄 때문이 아니라 동의하지 않았기에 구원을 놓쳤다(눅 23:39-43).

광야 백성들이 불신으로 불뱀에 물렸을 때 모세가 장대에 달린 놋뱀을 바라보면 구원받는다고 외쳤다. 동의한 사람은 치료받고 구원받았다. 자기 이성대로 움직인 사람은 동의하지 않았고 자기 죄로 죽었다. 불뱀의 독이 아니라 동의하지 않아 망한 것이다(민 21:6-9).

구원은 개인의 선행에 있지 않다. 하나님의 구원 방법을 수용하느냐, 예수님이 해 놓으신 일에 동의하느냐에 구원이 달려 있다. 그래서 기독교는 자력 종교가 아니라 타력 종교이며 행위 종교가 아니라 믿음으로 '값없이' '거저' 구원받는 종교이다. 이것이 '복음'이다.

믿음은 '의존'이다

믿음은 하나님의 존재를 수용하고 하나님이 나를 위해 하신 일에 동의하면서 현재와 사후를 의존(依存)하는 일이다. 의존은 의탁이자 맡겨 버림이다. 인생이 내 계획이나 손에 있는 것이 아니라 나보다 나를 더 잘 아시는 하나님에게 있음을 인정하고 맡기고 의지해야 한다(잠 16:9). 그래야 산다. 맡김이 없으면 불안하다. 편한 세상이 되었지만 사는 것은 고달프다.

열아홉 살의 내가 떠오른다. 가족의 반대를 무릅쓰고 무작정 상경했다. 신학교도 제대로 모르고 의탁할 곳도 없는데 제주-목포 여객선을 타고 또 완행열차를 타고 서울로 왔다. 서울역에 내리니 앞이 캄캄했다. 손에는 김창준 집사님(후에 목사님)의 주소가 있었다. 한동네 출신인 분이다. 물어물어 그분을 만나러 옥수동으로 갔다. 그때부터 내 객지생활이 시작되어 오늘에 이르게 되었다.

객지생활에는 특별히 어려움이 없었지만 쉬웠던 삶도 아니다. 신학교 1, 2학년 때까지는 집에서 등록금을 보내 주었다. 전화국에 다니는 누님이 매월 5만 원을 보내 주었는데, 그것으로 반은 기숙 사비 내고 2만5천 원으로 한 달을 살았다. 점심값이 아까워 시장에서 100원어치 튀김으로 견디었다. 기억이 희미하지만 100원에 다섯 개를 주는 튀김을 50원에는 세 개를 주었다. 시간 차를 두고 50원씩 나누면 여섯 개를 살 수 있었다. 그렇게 배고픈 삶을 살았다. 대학부 3학년부터는 집에서 등록금을 받지 않고 고학을 했다. 목회의 길로 나가면 장남으로서 물질 효도는 힘들 테니 돈도 받아서는 안 된다는 생각이 어렴풋이 들어 일절 도움을 받지 않았다. 다행히 하나님이 글 쓰는 은사를 주셔서 성인 위인전을 아동물로 바꾸는 작업을 맡아 할 수 있었다. 한국 기독교연구원 임승원 목사님의 도움이 크다. 그렇게 번 원고료로 남은 학부 2년과 신학대학원 3년을 마칠 수 있었다.

새학기가 시작될 즈음이 되면 한 학년 올라간다는 기쁨보다는 등록금이 문제였다. 그러면 기도원에 올라가 "하나님 아버지, 등록금 좀 주세요" 울며 졸며 기도했다. 그러면 신기하게도 출판사에서 주문이 들어왔다. 매사에 이런 식이었다.

교회 개척을 시작하면서도 월세와 생활비로 허덕였다. 몇 안 되는 성도님에게 없는 모습을 보이기는 싫었다. 개척교회에 와 준 것만도 고마운데 부담을 드릴 수가 없었다. 이럴 때도 전당포를 출입하고 상가 예배당에 엎드려 기도했다. 어려운 일이 있으면 '아버지 하나님'에게 구하는 기도를 했다. 그만큼 하나님을 아버지로 생각했다. 내게 하나님은 매사에 구하면 주시고 없으면 손 벌리게 되는 아버지 하나님이셨다. 기복신앙이라 나무라도 할 수 없다. 평생 하나님에게 의존하며 살아왔다. 그만큼 하나님에게 맡겨야 마음의 평안과 기쁨을 누리며 살 수 있었다.

내게 의존신앙은 사후까지도 이어진다. 인류에게 제대로 된 '사후 보고서'는 없다. 과학적으로도 증명할 수 없는 것이 사후다. 그렇지만 믿음으로 그 세계가 있음을 수용하며, 천국에서 잠이 깰 것을 확신하며 임종 앞에서 맡길 뿐이다. 사신 철학자 니체는 살아생전에도, 죽어서도 맡길 하나님이 존재하지 않았기에 말년 10년을 정신병자로 살다 생을 끝냈다. 믿음만이 나를 사후의 삶도 기대할 수 있도록 해준다.

바울은 믿음을 하나님의 선물이라고 했다(엡 2:8). 내가 믿어 보니 믿음이 선물이라는 말에 100퍼센트 동의한다. 나 자신에게는 믿음의 씨가 없다. 하나님이 주실 때 믿어지고 믿음생활을 할 수 있다. 그래서 하나님은 참 좋으신 분이다. 최고의 선물, 예수님을 믿는 믿음을 나에게 주셨기 때문이다. 영국은 기독교 종주국이었지만 무신론 국가로 전락하고 있다. 그것도 모자라 기독교 박해 국가의 수준으로 퇴보하고 있다. 길거리에서 전도하다가 체포되고 교사가 십자가 목걸이를 착용했다고 해직되면 그게 박해가 아니고 무엇이겠는가. 지금 세상은 무신론자들이 활개를 치고 하나님 없이도 쾌적한 삶을 살 수 있다고 소리친다. 물론 하나님 없이도 쾌적하게 살 수 있다. 자녀들을 잘 키우고 행복한 가정을 꾸려나갈 수 있다. 그럼에도 우리가 믿음을 갖고 있고 그 믿음을 소중하게 여기는 까닭은, 이 세상이 전부가 아니라는 사실을 믿기 때문이다. 우리의 믿음은 세상에서도 소중하지만 삶과 죽음이 교대하는 그 순간에 더욱 필요하다.

인생은 짧다. 영원에 비하면 우리 인생은 점(點) 하나에 불과하다. 그에 비해 사후는 비밀에 싸인 망망한 바다와 우주공간과 같다. 지금 당장은 사후를 믿지 않아도 혹시나 있을 죽음 이후의 상황을 위해 보험 하나 정도는 들어 놓아야 하지 않을까. 그 생명보험이 내게는 믿음이다. 그래서 내 인생의 가장 큰 행운은 하나님이 계신 것을 믿었다는 것이다. 그 믿음을 하나님이 선물로 주셨으니 참 기쁘다. 그만큼 오늘도 나는 하나님께 의지하는 믿음으로 행복하게 살아가고 있다.

5. 믿음의 관점
: 논리로 증명할 수 없는 것도 있다

기독교 신앙에서 성경 의존도는 99퍼센트도 아니고 100퍼센트이다. 성경의 진실성이 무너지면 기독교는 모래성에 불과하다. 그만큼 기독교는 성경 계시로 시작되고, 기록된 하나님의 말씀으로 구원의 사명을 감당해 왔다.

오랫동안 교회에 다녔지만 믿음이 장기간 공회전 상태로 남아 있는 까닭은 성경과 관계가 있다. 믿음은 성경 말씀과 함께 자란다. 바른 말씀이 없으면 기복신앙으로 기울어지고 내 관점으로 성경을 읽으면 인본주의 신앙이다.

의사들은 육안으로 확인하기 힘든 미세한 물체를 보는 데 생물현미경을 사용한다. 그래야 체내의 근육조직이나 세포 등을 세밀하게 살필 수 있다. 성경도 지식이나 종교심보다 성경 계시 렌즈로 보아야 하나님의 말씀하시는 바를 찾아내며 믿음이 성장한다. 그런데 내 눈으로 보니 재미도 이해도 되지 않고, 내 관점으로 보니 신화나 전설로 보인다.

어떤 관점에서 성경을 읽느냐, 듣느냐, 받아들이느냐는 믿음의 성격에 상당한 영향을 미친다. 성경은 66권 한 묶음이 하늘에서 툭! 떨어진 것이 아니다. 계시된 말씀이 성경으로 나오기까지 어떤 문명과 사상이 지배하는 시대였는지를 알고 그에 맞는 관점을 가져야 한다.

모세는 하나님을 '증명'하지 않고 '선포'한다

인류 문명의 역사는 헤브라이즘(Hebraism)과 헬레니즘(Hellenism) 사고가 지배해 왔다.

유대의 헤브라이즘은 하나님의 계시를 근간으로 하는 신의 문화이다. 모든 출발점을 신에 둔다. 신이 주체이기에 인간보다 신이 우위에 있다. 인간은 신의 소산물이고 역사는 신의 섭리 하에 이루어진다. 그래서 여호와가 없이는 만물이건 인간이건 아무것도 설명할 수 없다. 헤브라이즘은 모든 것이 여호와로 시작되는 신본주의이다.

이에 비해 그리스의 헬레니즘은 휴머니즘과 본질적으로 연결되는 인간문화이다. 인간이 세계의 중심이다. 분석적이고 합리적인 논리로 이성이 이해되는 부분에서만 모든 것이 존재한다. 아무리 신의 능력으로 기적적인 현상이 일어나도 이성으로 이해되지 않으면 진실로 인정하지 않는다. 내가 있고 나서야 신도 있다. 그래서 헬라적 사고를 지닌 비(非)이스라엘인이 성경을 기록했다면, 창세기 1장은 하나님의 존재를 증명하려는 시도부터 했을 것이다.

하나님의 존재를 쉽게 증명할 수 있을까? 우주론적, 과학적, 자연적, 심리학적, 인류사적, 종교학적, 언어학적 증명 등, 별의별 증명이 동원될 것이다. 그러다 보면, 줄이고 줄여도 장장 창세기 10장까지는 하나님 존재 증명으로 갔을 것이다. 그렇다고 쉽게 증명될 수 있는 문제도 아니다. 하나님은 종이에 담을 수가 없고 문자로 다 설명할 수 없는 존재이다.

히브리인은 민족의 태동부터 유일신 사상으로 출발한다. 당시는 다신론 시대이기에 어느 국가이건 여러 신을 섞어서 신봉했다. 국가, 지역, 민족, 지방마다 주신(主神)이 있고 곁들여 하급 신들이 있었다. 일본 작가 시오노 나나미는 《로마인 이야기》(한길사, 1995)에서 로마제국에 30만 개 신이 있었다고 한다. 다양한 민족과 계층의 수호신 역할을 했기에 신들은 다양할 수밖에 없었다. 이런 세상에 모세는 유일신 여호와를 선포하고 나선 것이다.

태초에 하나님이 천지를 창조하시니라 창 1:1

이는 종교 세계에 폭탄급 선언이다. 지금까지 유일신을 믿는 민족은 없었다. 세상이 다신론 사회였다. 하나의 신만으로는 안심도, 만족도 할 수 없어 여러 신을 곁들여 신봉하던 사람들에게 혜성처럼 나타난 유일신 사상은 환영보다는 경계의 대상이 되었다. 민족의 신들이 위협받을까 봐 신을 수호하는 전투가 벌어졌다. 영토를 넓히고 지키려는 전쟁이지만 알고 보면 신과 신들 간의 전쟁이다. 사람은 신들의 대리인 역할을 할 뿐이다. 왕과 전쟁꾼들은 속내는 감추고 이걸 성전(聖戰)이라고 우겼다.

구약성경 저자들은 욥을 제외하고는 유대인들로 히브리식 사고를 지닌 사람들이다. 성경 66권의 기관실 역할을 하는 모세오경의 저자는 히브리인 모세다. 모세는 첫 책의 첫 장을 열자마자 우주의 기원부터 다룬다. 하나님의 존재를 증명하려는 어떤 시도도 하지 않는다. 하나님의 존재 유무에 대한 의심도 하지 않는다. 너무 분명하고 확실한 존재이기에 증명할 이유가 없으며 하나님의 존재를 증명하려는 인간의 노력 자체가 이해되지 않는다.

왜 그럴까? 점 하나까지 따지기 좋아하는 까탈스런 히브리인들이 하나님의 존재에 관해서는 왜 의심도 질문도 변증도 없이 기정사실로 출발할까? 히브리인들은 하나님의 택한 백성, 즉 선민(選民)임을 자처한다. 내가 있다는 것은 나를 낳아 준 아버지가 존재한다는 증명 자체이거늘 우리 아버지가 있거나 있었던 사실을 증명하기 위해 굳이 애쓸 필요가 없는 것이다.

하나님에 대한 실존도 같은 논리이다. 유대민족이 선민으로 존재한다면 선택해 주신 하나님의 존재는 기정사실이다. 이거면 되었지 뭘 더 설명해야 하느냐는 것이다. 그래서 모세는 기원을 밝히는 창세기를 쓰면서 하나님이 존재하느냐 마느냐 하는 '논쟁'이 아니라 존재하시는 하나님이 만물을 창조하셨다는 '선언'을 해버린다. 하나님과 창조는 선포할 신앙이지 증명해야 할 진리가 아니라는 것이 히브리인들의 사고이다. 하나님은 모든 만물의 시작점이다. 모든 것은 하나님 안에서 답을 얻어야 한다.

우리는 성경을 읽을 때 전체적으로는 이성 중심의 헬라식 사고가 아닌, 믿음 중심의 히브리식 사고로 보아야 한다. 특히 하나님에 대한 개념은 '이해'의 대상이 아니라 '신앙'의 대상이다. 이해는 인간의 영역이요, 신앙은 신의 영역이다.

천지를 창조하신 분이 무엇을 못하랴

히브리식 사고로 창세기 1장 1절을 다시 읽어 보자. 한 구절 안에서 여호와 하나님의 절대성, 유일성만이 아니라 전능성, 전지성, 편재성을 유추할 수 있다. 아무리 이성으로 이해되지 않은 내용들도, '천지를 창조하신 하나님이 하신다면야…' 식의 사고라면 이해할 수 있다. 하나님의 전능성을 믿어 버리니 모세오경을 비롯해서 구약성경이 통째로 믿어지는 것이다.

경수가 끊어진 90세 사라가 아들을 낳았다(창 21:2). 홍해가 갈라져 길이 났다(출 14:21). 한 부족이 광야 40년을 하나님이 내려 주신 만나로만 먹고살았다(출 16:35). 이런 비현실적 이야기가 이성으로는 도무지 믿어지지 않지만 히브리인들은 하나님이 하신 일이니까 의심 없이 믿어 버린다. 유대인의 이런 특이한 사고에 대해 히브리식 사고를 강조하는 미국 코헨신학교의 강신권 총장은 말한다.

"히브리식 사고는 헬라식 사고와는 반대입니다. 헬라식 사고가 과학적 사고라면 히브리식 사고는 신앙적 사고입니다. 헬라식 사고로는 1+1=2가 정답입니다. 그러나 히브리식 사고는 1+1은 2도 되고

3도 되며 0도 됩니다. 가령 떡 두 개를 합치면 두 개가 아니라 하나의 큰 떡이 되는 것과 같습니다. 성경을 과학적으로 해석하려면 실패합니다. 히브리식 사고에서는 하나님의 존재를 성경이 증명할 이유도, 필요도 없습니다. 히브리인들에게 하나님은 이미 존재합니다. 그것은 믿어야 하는 것이며 실제 믿는 것입니다."[11]

기독교 신앙으로 성경 66권을 대할 때 히브리식 사고 관점은 필수이다. 홍해가 갈라진 것이나 동정녀 탄생을 헬라식으로 이해하면 믿을 수 없다. 그들은 논리적이어서 아마도 이렇게 말할지 모른다. "액체인 홍해가 어떻게 갈라져 벽을 만들 수 있을까? 그건 허구일 뿐이다." "동정녀가 자웅동체도 아니면서 어떻게 아기를 잉태할 수 있을까? 그건 신화에 불과하다." 논리나 이성으로는 성경의 주장들을 도무지 받아들일 수 없다. 그래서 내 이성만을 고집하면 믿음이 자라지 않는다.

나의 신앙은 하나님의 천지창조나 홍해가 갈라진 사건, 동정녀 탄생에 무조건 동감한다. 이성으로는 믿을 수 없지만 무(無)에서 유(有)를 창조하신 하나님, 흙으로 사람을 창조하신 하나님, 그와 같은 전능하신 하나님이라면 동정녀의 몸을 통해 독생자를 세상에 보내는 일쯤은 어려운 일도 아니다.

이렇게 전능하신 하나님을 전제로 성경을 읽어야지, 안 그러면

11 국민일보, 2012. 9. 11.

성경 66권에는 내 이성으로는 믿을 수 없는 내용이 줄줄이다. 모두 이해하고 믿으려면 머리가 터지며 돌아 버린다. 그러다가 이성으로 이해하게 만드는 이단의 성경 풀이에 빠지게 된다. 이단의 특징이, 설명하지 못하는 성경 난제가 없다는 것이다. 그래서 이단 교회에 뜻밖에도 엘리트 신자들이 많다. 성경의 66권을 논리적인 헬라 사고로 억지로 꿰맞춰 주기 때문이다.

성경은 어차피 인간 지식으로는 이해하지 못하게 되어 있다. 하나님의 세계, 영적 세계의 일을 내 이성이 무슨 수로 이해하겠는가? 그러므로 성경을 읽을 때는 내 이해력을 잠재우고 하나님의 관점으로 보는 히브리식 사고를 작동해야 한다. 유대인처럼, '천지 창조의 하나님이신데 이런 일들을 못 하실까?' 하면 의심은 사라지고 다 믿어진다. 이게 믿음이다. 성경을 하나님의 완전한 말씀으로 믿는 히브리적 관점에서부터 믿음의 기초를 세워 나가야 한다. 그렇게 신앙생활을 시작해야 한다. 그래야 성경의 하나님을 신뢰하게 되고, 믿음이 제대로 자리 잡을 수 있다.

헬라식 사고 vs. 히브리식 사고

히브리식 사고가 성경을 읽어 나갈 때에 지성적인 연구 등을 무시하고 "믿습니다!"만 맹목적으로 강조하는 것은 아니다. 이런 문제에 대해서는 메시아닉 주(유대인 기독교도)의 세계적인 석학 게리 코헨(Gary Cohen) 박사가 잘 설명해 준다.

그는 정통 유대인 제사장 집안 아론의 후손으로 19세에 예수를 믿었다. 현재 유대인 가운데 정통 유대 신앙으로 계승된 기독교 신앙의 유일한 신학자로 활동하는 게리 코헨은 "성경은 히브리식 사고로 기록됐다. 그래서 많은 사람은 유대인이 히브리식 사고로만 생각한다고 하는데, 사실은 그렇지 않다. 유대인은 성경을 볼 때 히브리식 사고를 바탕으로 헬라식 사고를 사용하여 더 분석적이고 더 논리적으로 다룬다"고 말한다.[12] 가령 예수님의 십자가, 부활, 재림은 히브리식 사고를 바탕으로 믿어야 하고, 이것을 신학적인 이론으로 발전시켜 나가는 것은 헬라식 사고에 의해 이뤄지는 문제이다. 믿음과 이성은 떨어질 수 없다. 근본이 히브리식의 믿음에 의한 신앙이라 한다면 이를 발전시키는 이론은 헬라의 이성을 동원해야 한다는 것이다.

강신권 총장도 "히브리식 사고로 성경을 보면서 그 위에 헬라식 방법론을 사용해야 가장 정확한 성경 해석을 할 수 있다"고 말한다. 국민일보와의 인터뷰에서 "한국 교회 성도들은 말씀을 많이 듣기는 하지만 그것이 체질화 생활화되지 않아 '말씀 따로, 생활 따로'라는 이원론적인 현상이 심각하다. … 이를 극복하기 위해서는 히브리식 사고를 가져야 한다"고 밝혔다.

강신권 총장에 따르면, 성경은 하나님이 자신의 의도를 인간에게 드러낸 책이다. 하나님은 영이시기 때문에 우리가 볼 수 없다. 그래서 하나님은 자신의 의도를 인간에게 전달하기 위한 수단으

---

12 기독교중앙뉴스, 2010. 12. 27.

로 히브리 민족을 선택하셨다. 유대인에게는 그들만이 지니고 있는 총체적이고 독특한 삶의 문화가 있다. 유대인 특유의 고난과 영광이라는 철학적 역사적 배경, 자신들만의 세계관이 있는 것이다. 히브리식 사고는 이런 총체적 배경 속에서 나왔다. 이 히브리식 사고를 갖고 하나님의 의도를 전달한 책이 성경이다. 그래서 성경을 제대로 이해하고 특히 드러난 의미뿐 아니라 보이지 않는 깊숙한 내면의 이야기를 파악하기 위해선 반드시 히브리식 사고를 알아야 한다.

가령, 헬라식 사고로는 예수 그리스도가 물 위를 걸으셨다는 것을 도저히 받아들일 수 없다. 사람이 물 위를 걷는 것은 과학적으로 설명할 수 없다. 그러나 히브리식 사고로는 가능하다. 이미 그들은 '예수님은 전능하신 하나님'이라는 믿음적 사고를 하고 있기에, 하나님은 당연히 물 위를 걸으실 수 있다는 사실을 받아들인다.[13]

히브리식의 사고와 헬라식의 사고는 한 사물을 대할 때 전혀 다른 내용으로 해석할 수 있다. 여기에 시계가 있다. 헬라식 사고로 보자면 좋은 시계, 나쁜 시계가 처음부터 결정되어 있다. 더 비싼 시계가 더 좋은 시계이다. 히브리식 사고는 다르다. 시계는 값에 따라 좋고 나쁘고가 가름되지 않는다. 누구의 손목에 있느냐에 따라 좋은 시계 나쁜 시계가 결정되는 것이다. 좋은 사람의 손목

---

13 국민일보, 2012. 9. 11.

에 있으면 좋은 시계이고 나쁜 사람의 손목에 있으면 가격과 상관
없이 나쁜 시계이다. 이게 히브리인들의 사고이다.

종교로써 기독교는 구원이 없다

한국 기독교 선교 초기 때부터 우리말로 성경이 번역되었다는
것은 한국 교회에 큰 선물이자 축복이다. 한국천주교는 중국으로
유학 갔던 학자들에 의해 수입된, 십자가나 묵주, 성모상 등의 성
물(聖物)로 믿음을 시작한다. 그래서 '하느님' 범신론적인 종교를
만들어 버렸는지도 모른다. 장례식에서 '불교식의 천주교'를 본다.
언제 끝날지도 모르게 이어지는 기도문 낭송이 염불처럼 들리고
묵주를 돌리는 것이 염주로 보인다. 이런 일은 성경에 계시된 '하
나님'이 아니라 범신론적 '하느님'을 믿는 데서 오는 장례 문화로
보인다.

기독교인들 중에도 입으로는 하나님을 부르면서도 머리로는
하늘님, 신령님, 하느님을 믿는 신자들이 있다. 교회 다니면서도
점을 치러 다닌다. 한국 교회 신자 열 명 중 세 명은 타로나 점을
본다는 퓨리서치센터의 발표가 있었다.[14] 명색이 크리스천인 30퍼
센트는 교회에 다니면서도 하나님을 신령님 정도로 생각한다. 하
나님을 바르게 섬기는 일이 아니다. 호세아 선지자는 "힘써 여호
와를 알자"(호 6:3)라고 호소한다.

---

14 국민일보, 2024. 6. 19.

오랫동안 교회를 다니고 신자라 자처하면서도 성경을 제대로 믿지 못하고 있지 않은가. 이해할 수 있어야 믿겠다는 헬라식 사고를 버리자. 천지를 창조하신 하나님이 하신 일이라면 무조건 믿고 보는 히브리식 사고로 갈아타자. 교회 안의 불신은 슬픈 일이다. 교회 안의 불신자들은 이해할 수 있는 것만 받아들인다. 그러다 보니 예수의 가르침을 좋아한다. 예수님이 하나님이든 사람이든, 부활했든 부활하지 못하고 사라졌든 그들은 별로 개의치 않는다. 그저 예수의 가르침을 따라서 좋은 사람으로 살면 된다고 생각한다. 도덕적인 종교, 윤리적인 종교에 만족한다. 이것은 종교로서의 기독교에 불과할 뿐이다. 종교 기독교로는 구원이 없다.

이제 제대로 믿고 살려면 믿음의 첫 관문으로 돌아가서 성경적 관점을 바로 세워야 한다. 노발리스(Novalis)의 말처럼, 지식은 반쪽짜리에 불과하다. 나머지 반쪽은 믿음이다. 히브리식 사고와 관점으로 성경을 보고 설교를 듣고 나 자신을 보아야 한다. 그 시점부터 내 믿음이 성장하면서 제대로 구원받은 믿음을 갖추게 되고 구원의 확신을 갖게 된다. 믿음의 공회전이 마감되고 믿음의 능력이 발동하게 된다. 그럴 때 기독교는 말씀의 종교가 되고 믿음은 성경의 물길을 따라서 급성장하게 된다.

6. 믿음의 대상
: 하나님 외에 다른 신은 없다

　대부분 종교에는 숭배의 대상이 있다. 초자연적인 존재, 사람, 동물을 비롯한 자연 전체가 해당된다. 종교적 체제를 갖추지 못한 샤머니즘조차 막연한 초자연적 존재를 숭배하며 때로는 혼령을 불러들이는 무당(巫堂, shaman)을 숭배한다. 유교는 조상의 혼령을 숭배하고 삶을 충실하게 하는 데 힘쓰기를 강조하며, 죽음 이후에 대해 유보적 태도를 취한다. 공자는 초인간적 존재나 죽음 이후의 삶에 대해 직접적으로 언급하지 않았다. 불교는 사실 숭배의 대상이 없다. 석가모니조차 숭배의 대상이 아니다. 석가의 가르침을 잘 받아서 해탈하고 열반에 이르는, 자력 자각종교이다.

　21세기에 들어서면서 인본주의가 더욱 득세하다 보니 종교 권력에 염증을 느낀 미국과 유럽에서는 유일신론에 오염되지 않는 불교 같은 종교가 꽃을 피우고 있다(《신의 역사》, 카렌 암스트롱). 불교는 한 마디로 내 안에 부처가 있고 그 부처는 누구의 도움도 아닌 내 자각으로 충분하기에 종교에 메이지 않는 불교가 자유로워 믿기에 좋다는 것이다.

한국갤럽이 2022년 실시한 "한국인의 종교생활과 신앙의식 조사"에 의하면, '하나의 신, 유일신만이 존재한다'고 믿는 사람은 응답자의 21퍼센트였고, '하나가 아닌, 여러 신이 존재한다'고 믿는 사람은 26퍼센트였다. 즉 응답자 중에서 신의 존재를 믿는 사람이 47퍼센트에 그쳤다. '신은 존재하지 않는다' '모르겠다'는 비율은 각각 33퍼센트, 19퍼센트였다. 아울러 기독교인이라고 모두 신을 믿는 것이 아니었다. 교회는 출석하지만 신을 믿는 사람은 열 명 중 일곱 명에 불과했다. 기독교인들이 천국을 믿는 비율 역시 69퍼센트 밖에 되지 않았다. 30퍼센트에 해당하는 기독교 신자는 교회를 다니는 이유가 하나님 때문이 아니라는 말이다. 그들은 마음의 수양이나 기타 다른 필요를 충족하기 위해 교회를 다니고 있다.

하나님은 누구신가

기독교는 믿음의 '내용'도 중요하지만 믿음의 '대상'을 더 중시한다. 즉 '누구를 믿는가?'가 중요한 것이다. 만약 믿음의 내용을 더 중시하게 되면 대상은 아무래도 상관이 없어진다. 하나님이면 어떻고 하늘님이면 어떠냐는 것이다. 그래서 다신론, 다양한 종교들이 나온다. 이런 종교인들에게 신앙은 하나의 신념일 뿐이다.

그러나 기독교는 '큰' 믿음이나 '센' 믿음보다 믿는 '대상'을 무엇보다도 우선시한다. 한원택 목사는 "아무리 우리의 신앙이 크고 센 믿음으로 확신을 가지고 있어도, 믿는 대상이 다르면 그 믿음은 쓸모가 없는 것이다. 하지만 우리의 믿음이 연약하고 부족하여 겨자씨만 하다 할지라도 그 대상이 '전능하신 하나님'이시라면, 우리의 믿음은 구원의 능력이 되는 것이다"라고 말했다.

그만큼 기독교의 믿음은 '대상'에서부터 출발하며, 그 대상은 여호와 하나님이시다. 하나님은 초월적이고 초자연적인 존재이기에 인간의 지성과 지혜로 상세히 안다는 것은 불가능한 일이다. 5세기의 신학자 어거스틴(Aurelius Augustinus)은 "그대가 이해한다면 그것은 하나님이 아니다"라고 말한다. 영국의 설교자 찰스 스펄전(C. H. Spurgeon)은 "유한한 피조물이 영원하신 하나님을 파악하려는 것은 모기가 바닷물을 (몽땅) 마시려 애쓰는 것과 같다"는 말로 하나님은 우리 인식이 도달하지 못하는 지점임을 익살스럽게 표현한다.

성경에서 하나님께 감히 "누구냐!" 질문하고 나선 사람은 선지자도, 신학자도 아니다. 뜻밖에도 평범하게 살았던 삼손의 부친 마노아이다. 이전에도 하나님의 출현은 곳곳에서 있었지만 하나님의 존재에 대한 궁금증을 직접 물어본 사람은 모세 외에는 없었다. 마노아는 하나님을 만나고 "당신의 이름이 무엇이니이까"(삿 13:17)라고 묻는다. 하나님은 "어찌하여 내 이름을 묻느냐"하시며 "내 이름은 기묘자라"라고 이름을 밝히신다(18절).

'기묘자'는 '비밀한 자' '신비한 자'로서 인간의 '이해를 초월한' '인간 지식으로는 너무도 훌륭한' '놀라운'이란 의미다. 한 마디로 '묘하신' 분이라는 말이다. 여기에서는 기묘자에 강조점이 있는 것

이 아니라, 인간의 이해나 인식으로는 탐구가 불가능한 하나님의
속성을 나타낸다. 기묘자는, 인간의 인식 차원 밖에서 실존하는 존
재라는 것이다. 회의주의자로 살았던 볼테르조차 "신은 신을 사랑
하도록 너를 만든 것이지, 신을 이해하도록 만든 것이 아니다"라
고 모처럼 옳은 소리를 한다. 그만큼 하나님은 미지수(未知數)의 신
비한 존재이기에 그 실체에 관해서는 이렇게 정리할 수밖에 없다.

"하나님을 알 자는 하나님밖에 없다."
"하나님을 이해할 수 있는 분도 하나님밖에 없다."
"하나님에 대해 설명할 수 있는 자도 하나님밖에 없다."

인간은 유한하고 하나님은 무한하시다. 유한은 무한을 이해할
수도, 설명할 수도 없다. 하나님은 영이시기에 육체의 레이더에 일
절 잡히지 않는 존재이다. 자신을 보여 주시는 정도만큼만 안다.
하나님이 자신을 보여 주시는 것을 '계시'라고 한다. 계시(啓示)는
'살짝 열어서 보여 준다'는 의미이다. 하나님의 계시의 최고봉은
성경이다. 성경에서 여러 수단으로 자신의 본질, 속성, 사역을 알
려 주신다. 우리가 가장 이해하기 쉬운 계시가 이름, 호칭을 통한
하나님의 자기 계시, 드러내심, 알리심이다. 하나님이 직접 계시해
주시는 이름의 뜻만 알아도 하나님이 누구신가를 충분히 알 수 있
다. 그러니까 구원을 받고 믿음으로 살아가는 데는 충분하다는 것
이다.

만물은 이름을 지닌다. 이름은 대부분 제삼자에 의해 주어진다. 출생하면서 스스로 이름을 갖는 이는 없다. 부모나 타인이 작명한다. 고대사회에서 이름은 자기 자신, 혈통, 가문의 흔적을 드러낸다. 성씨(姓氏)를 통해 혈통과 돌림자로 몇 대 손(孫)임을 나타내기도 한다. 이름만 들어도 어느 정도 집안의 분위기, 그에게 거는 기대를 알 수 있다.

하나님도 이름이 있다. 천신, 하늘님, 하느님, 옥황상제 등은 사람이 만든 호칭들로 물론 진짜 이름이 아니다. 계시받은 적이 없어 생각대로 하나님 이름을 작명해 버렸다. 이런 이름에는 인격이 없다. 막연하게 하늘님이다. 샤머니즘에서 비는 대상인 신령도 이름이 없고 비는 이들도 이름이 없으니 인격적 교제가 없다. 그것들은 곧 실체가 없는 우상으로 허상, 허무함, 무가치를 뜻한다. 실체가 없는 우상이기에 믿을수록 중독되고 허전, 허무함을 느낀다.

기독교 신앙의 하나님은 이름을 가지신다. 그 이름에 준한 대접을 원하며 이름만큼의 능력을 보이신다. 십계명에서, "여호와의 이름을 망령되이 일컫지 말라"(출 20:7)고 명하신다. 하나님의 이름을 업신여기고, 명예 훼손을 금하는 명령도 되지만 하나님의 이름을 함부로 작명하는 일의 금지도 해당한다. 하나님의 이름은 성경에 나타나는 것을 따라 호칭해야 한다는 것이다.

모세는 살인죄로 기소될 것이 두려워서 광야로 피신해 40년 목자 생활을 하다 이스라엘의 출애굽을 이끌라는 사명을 받는다. 도망자 모세에게는 민족의 신, 조상신이 자기 백성들에게 보내셨다

는 증거가 필요했다. 고대인들은 신의 이름을 알면 언제나 자유자
재로 부르며, 그 힘을 이용할 수 있다고 믿었기 때문이다. 그래서
조상신의 이름을 묻는다(출 3:13). 그 질문에 하나님은 당신의 이름
을 알려 주신다.

> 하나님이 모세에게 이르시되 나는 스스로 있는 자이니라 … 하나
> 님 여호와… 이는 나의 영원한 이름이요 대대로 기억할 나의 칭호
> 니라 출 3:14-15

온 세상에 창조주의 이름이 비로소 드러나고, 우주에 '여호와
(야훼)'라는 이름이 들어오는 순간이다. 하나님이 자기 이름으로 인
간에게 다가오시며 사람들처럼 자신의 이름을 갖는 장면이다. 이
로써 하나님의 속성은 '스스로 있는 자'이며, '여호와'라는 이름만
이 하나님의 영원한 이름이요 영원히 기억할 표호(表號, name), 즉
본명이라는 것이 밝혀졌다.

모세는 창세기 1장 1절에서 여호와의 창조를 세상에 선포하고
출애굽기 3장에서는 여호와의 이름을 세상에 소개하는 사람이 되
었다. 영적 거인이다. 모세가 받은 여호와의 이름이 없었다면 우리
는 아직도 하늘님, 천지신명, 옥황상제, 신령님, 용왕님, 알라신, 천
신 등의 이름을 부르며 하나님을 섬길 수도 있다. 모세의 질문에
하나님이 당신의 이름을 알려 주신 것, 이것이 계시이다.

앞서 출애굽기 3장 말씀에서도 알 수 있듯, 여호와, 즉 야훼
(Yahweh)는 히브리어로 '스스로 존재하는 자' '나는 존재한다'는 의
미이다. 성경에서 이름은 당사자의 본성, 기질을 드러낸다. 그러기
에 여호와 호칭 속에 들어 있는 뜻만 알아도 믿음은 상당한 수준
이 된다.

'야훼'라는 히브리어 단어에는 여호와에 관한 많은 지식이 함의
되어 있다. '스스로 있는 자'라면 우선은 자존성이다. 여호와는 시
작도, 출생도 없이 영원부터 스스로 계신 영이시다. 그래서 하나님
만이 하나님이 되신다. 또 하나님은 영이시기에 성장, 노쇠가 없는
불변성을 지니신다. 외적 불변만 아니라 속성도 불변이다. 그의 약
속, 선택, 섭리에 변함이 없고, 변개치도 않으신다. 언약을 이행하
는 신실한 분이시기에 약속을 따라서 구원하신다. 인간이 언약을
깨도 하나님의 약속은 변함이 없다. 이것이 하나님의 불변이다. 주
해가 아더 핑크(A. S. Pink)는 "하나님은 갈수록 더 좋게 변화되시는
분이 아니시다. 왜냐하면 그는 언제나 완전하시기 때문이다. 지금
도 그러하시다. 그러므로 그는 더 나쁘게 변화하시지도 않는다"라
고 정확하게 지적한다.

당시 가나안의 신들은 변덕이 심했다. 인간의 행동에 따라서 영
향을 많이 받았다. 반면 하나님은 그런 잡신들과는 달리 사람의
행동에 영향을 받지 않으신다. 하나님의 약속이 불변한 대표적인
내용이 예수 그리스도를 통한 구원의 약속, 그리스도를 세상에 보

내시기 위한 이스라엘의 혈통 선택이다. 이스라엘이 하나님을 거역하고 우상을 섬기면서 율법에 어긋나는 삶을 살아도 하나님의 언약(약속)은 변함이 없었다.

우리가 이런 하나님을 알게 되면 구원 문제가 시계추처럼 왔다 갔다 흔들리지 않는다. 구원은 하나님께 있다. 하나님의 구원 약속은 변함이 없다. 나의 구원은 그 약속의 불변함에 근거한다. 하나님은 내 변덕과 관계없이 맺은 언약을 지키시는 불변성으로 구원하신다. 하나님의 불변은 나의 구원과 이처럼 밀접한 관계가 있다. 어떤 하나님을 알고 있는가 하는 문제는 구원 문제로 연결이 된다. 그래서 바른 신관이 필요한 것이다.

여호와의 이름에 자존성과 불변성이 있다는 것은 영적 존재임을 의미하며 영이신 분은 모든 곳에 계시는 무소부재하신 분이다. 지역신, 부족신이 아니라 우주를 통치하시는 분이다. 이런 사실은 용기를 주면서도 불편한 것도 사실이다. 애굽에서 종살이하던 히브리인에게는 바로 왕도 하나님의 통치 하에 있다는 사실 앞에 자부심을 느꼈다. 그러면서 24시간을 내 앞에 현존하시는 거룩한 분이라는 현실 앞에서는 두렵고 불편함을 느꼈다. 그래서 종종 우상에게로 도망쳤다.

이런 이름을 가진 여호와는 유일하신 하나님이다. 단일성, 유일성이다. 당시의 신들은 모두 상대적이다. 가나안의 주신(主神) 바알만 하더라도 페니키아와 수리아의 여신 아세라(삿 3:7), 시돈의 여신 아스다롯(왕상 11:5, 33)과 짝을 이룬다. 짝이란 말은 상대성이 있다는 말이다. 하나님은 상대적이지 않다. 유일하신 절대자이다. "나는 스스로 있는 자" "여호와"라는 하나님의 자기 계시는, 유일하신 절대자로서의 하나님을 말씀하시는 것이다.

성 어거스틴이 잠시 신봉했던 마니교는 선한 신(善神)과 악한 신(惡神)이 경쟁적으로 투쟁한다고 보았다. 그래서 형통할 때는 선한 신이 나에게서 승리하는 것이고 악신이 이기면 나는 불행하게 된다고 했다. 마니교 신자들에게 세계사는 선신과 악신의 투쟁사이다. 우리가 이런 신관에게 자신을 맡긴다면 인생이란 존재는 신들의 노리개에 불과하다. 하지만 우리는 하나님의 형상대로 지음 받은 귀한 존재들이다.

여호와 이름이 주는 축복

여호와가 '이름'을 가지셨다는 것, 우리에게 당신의 '이름'을 계시해 주시고, '이름'으로 우리에게 오셨다는 것은 어떤 의미가 있을까?

첫째, 신학적인 의미가 있다. 신학은 체계적이며 구체적이고 사실적이다. 하늘님, 천지신명 등의 이름은 그 존재 자체가 막연하다. 믿는 사람 자체가 그저 막연하게 내 소원을 들어주는 이가 있으면 좋겠다는 마음으로 "비나이다, 비나이다" 하며 기도하는 것이다. 그 마음에는 뭔가에 간절히 정성을 들이지 않으면 소원 성취의 방법이 없다는 막연함이 있다. 마음이 불안하고 허하니 막연한 존재를 상상하며 막연하게 비는 것이다. 관계가 막연하니 그게 미신이다.

둘째, 하나님이 이름으로 오신 것은 우주의 중력, 에너지 정도가 아니라 우리와 인격적인 관계를 맺으신 존재임을 보여 준다. 내 아버지에게 이름이 없다고 상상해 보라. 아버지와 이름으로 인격적 관계를 맺지 못하면 진정한 소통이 없다. 우리가 아버지의 이름을 알고 내가 아버지의 아들, 딸이라는 이름으로 나아갈 때 인격적인 관계가 형성된다.

어느 자매가 하나님을 알게 되었다. 그 하나님을 아버지라고 배웠다. 아버지! 일찍 부모를 잃은 자매는 한 번도 아버지라는 이름을 불러 본 적이 없다. 자매는 하나님의 성전에 엎드려 밤새도록 울며 아버지의 이름을 불렀다. "아버지, 아버지!" 얼마나 불러 보고 싶은 이름이었을까. 아버지라 부를 때 하나님은 아버지로 그녀에게 찾아오셨다. 자매를 품고 안아 주며 위로해 주셨다. 하나님은 따뜻한 아버지셨다. 어느 신이 아버지와 같은 성품으로 우리에게 오겠는가! 여호와의 이름은 이리도 따뜻하다.

셋째, 하나님의 이름에는 힘이 있다. 다윗이 골리앗 앞에 섰을 때 갖고 나간 것은 칼과 창이 아니라 여호와의 이름이다. 너는 칼과 창과 단창으로 내게 나아오지만 나는 만군의 여호와의 이름, 이스라엘 군대의 하나님의 이름으로 나아간다고 외친다(삼상 17:45). "만군의 여호와"라는 이름은 온 세상 만물을 창조하시고 친히 다스리시는, 누구도 대적할 수 없는 초월적 힘과 권세를 지니신 하나님이라는 말이다. 하나님이 당신의 이름으로 우리에게 오실 때 능력과 힘을 주시고 우리가 여호와의 이름을 부를 때 그런 힘들이 나에게 몰려오고 달려온다. 기독교 신앙자는 아니지만, 플라톤도 "믿음을 가지고 싸운다면 두 배로 무장된 것이나 다름없다"고 말함으로 믿음의 힘을 인정한다.

하나님에 대해 바른 이름, 성경에 계시된 여호와의 이름으로 바르게 부르고 이해할 때 구원은 물론 우리는 하나님의 자녀가 된다. "누구든지 여호와의 이름을 부르는 자는 구원을 얻으리니…"(요엘 2:32)라는 말에는 이런 의미가 있다.

우리가 믿는 여호와 하나님은 바로 그런 분이다. 이름이 있는 하나님, 인격적인 하나님, 사정을 알아주시고 약속을 지켜 주시고 기다려 주시는 하나님, 이름으로 만나 주시는 하나님은 좋은 아버지가 되신다. 내가 하나님의 이름으로 믿지 않는다면 하나님도 내 이름으로 나를 기억하지 않을 것이다. 우리는 하나님을 '여호와'라는 이름으로 알아야 한다. 그래야 하나님도 내 이름을 부르며 그 이름에 은총을 내려 주신다. 이것이 복음이다.

7. 믿음의 내용
: 십자가와 부활만이 기독교의 핵심이다

북한의 《현대조선말사전》(1981년 판)에는 기독교를 "낡은 사회의 불평등과 착취를 가리고 합리화하며 허황한 천당을 미끼로 해 지배계급에 순종할 것을 설교하는 종교"라 적었고, 예수를 "하나님의 아들이다 하여 신앙의 대상으로 삼은 우상"이라고 써놓았다. 성경은 "예수교의 허위적이며 기만적인 교리를 적은 책"에 불과하고 교회는 "종교의 탈을 쓰고 인민들을 착취하도록 반동적 사상 독소를 퍼뜨리는 거점의 하나일 뿐"이라고 가르친다.

북한은 김일성의 생일을 '태양절'로 부른다. 태양은 모든 존재의 근원으로 넘볼 수 없는 신의 권력을 뜻한다. 김일성을 신격화하는 개인숭배와 함께 세습정치를 하기에 '나 외에는 다른 신을 네게 있게 하지 말라'는 계명을 따르는 기독교 신자들이 눈엣가시이다. 그러나 노동신문(2024. 4. 15)은 김일성 생일을 '태양절' 대신 대부분 '4·15' 또는 '4월 명절'로 표기했다. 신의 존재 김일성에게 써왔던 '태양'이란 표현도 손자 대에서는 지워져 가고 있다.

이처럼 북한의 숭배 대상은 김일성 왕조이며 믿는 내용은 주체

사상이다. 주체사상은 1970년대 초 김일성에 의해 체계화된 마르크스-레닌주의의 변형 사상으로 오직 김일성이 사고하는 대로 생각하고 김일성이 행동하는 대로 행동한다는 '김일성 유일사상'이다. 유일사상이기에 예수를 우상이라 하며 기독교 박해 세계 1위국가라는 오명을 기록하고 있다.

북한 '김일성교'의 믿는 내용이 주체사상이라면 샤머니즘 종교들은 높은 데 거하시며 길흉화복을 주장하는 하늘의 임금을 숭배한다. 그래서 내용이 빈약하다. 하늘님에 대한 체계적인 신학도 교리도 없다 보니 윤리나 도덕 대신에 정화수를 떠 놓고 비는 복 받기 전략뿐이다.

불교도 어떤 의미에서 믿음의 대상이 없다는 말을 앞에서 했다. 불교라는 말은, 부처(석가모니)가 설한 교법, 부처가 되기 위한 교법이라는 뜻이 섞여 있다(두산백과사전). 각자가 각성, 즉 깨달음을 통해서 고통과 번뇌에서 벗어나 해탈함으로써 완전한 행복을 추구하는 종교이다. 불교는 '종교(宗敎)'라는 한자어를 맨 처음 만들어낸 종교이기도 하다. 부처가 되고자 하기에 석가를 따르기는 하지만(초기 소승불교), 신으로 내세우지 않다 보니 딱 부러지게 숭배의 대상이 없는 종교이다. 그래서 소승불교의 가르침으로 볼 때는 종교의 범주 안에 넣기가 애매하다.[15]

기독교는 불교와는 달리 믿는 대상과 내용이 분명하다. 믿음의

---

15 이에 대해서는 정성민 교수의 《인간 붓다와 신 예수》(두란노, 2024)를 참고하라.

대상은 하나님이다. 하나님은 막연한 존재가 아니다. 성경 계시를
통해 당신이 누구인가를 명확하게 밝히 보이셨다.

그리스도는 왜 사람의 몸으로 오셨을까

하나님이 믿음의 대상이면 믿는 내용도 분명해진다. 믿음의 대
상인 하나님이 구원자로 보내신 예수님과 우리를 위해 해주신 '그
일'을 믿는 것이다. 우리가 믿는 첫 번째 내용은, 예수님의 존재에
대한 믿음이다. 하나님은 구원을 위해 독생자 예수 그리스도를 보
내 주셨다(요 3:16). 예수 그리스도는 '육신을 입고 우리에게 오신
하나님'이시다. 신성과 인성이 공존하는 양성연합의 '기묘한'(삿
13:18) 존재이다. 하나님은 육신이 없고 인간은 신성이 없다. 구원
자로서 예수님은 양쪽 요구를 충족시키기 위해 양성연합의 존재
가 되어야 했다.

기독교 초기의 에비온파, 알로기파, 종교개혁기에는 소시니안
파, 현대의 유니테리안파, 자유주의신학자들은 신성을 부인한다.
2세기의 영지주의자들(그노시스파), 4세기의 사벨리우스파는 예수
의 인성을 부인했다. 상당한 영향력을 과시했던 아리우스파(250-
336년경)는 신성을 부인하면서 그리스도를 창조된 존재로 보고 하
나님도 인간도 아닌 존재로 만들어 버렸다. 이처럼 사탄은 아리우
스파를 비롯해서는 예수님의 신성을, 도케티파와 그노시스(영지주
의)파를 통해서는 인성교리를 파괴하려 했다. '예수는 신이지 인간
이 아니다' '예수는 사람이지 신이 아니다'라는 주장은 이성적이

고, 논리적이었기에 말씀에 깊이가 없는 신자들에게는 그럴듯한 주장이다. 그래서 동조자들이 많이 일어났다.

이런 이단자들과 평생 싸웠고 순교한 이가 익나시우스(Ignatius, 110년)이다. 안디옥 지방의 감독이요, 신학자로서 사도 요한의 제자로 추정된다. 그는 그리스도의 인성을 부인하는 이단자들을 향해 이런 말을 남긴다. "어떤 불신자들은 그리스도가 십자가상에서 환상으로만 고난받았다고 한다. 이런 거짓말쟁이에게 당신의 귀를 기울이지 말라. 만일 그리스도가 환상으로만 고난을 당했다면 내가 무엇 때문에 쇠고랑에 매이고, 또 맹수로 더불어 싸울 것인가? 그러므로 그리스도의 인성을 부인하는 것은 그에 대한 모독이다."

익나시우스가 이토록 강하게 저항한 것은 요한에게서 받은 사상 때문이다. 요한은 예수의 인성을 부인하는 자들은 적그리스도의 영을 받은 자, 이단이라고 단언하였다(요일 4:3).

아리우스파를 비롯한 주장들은 제1회 니케야회의(주후 325년)에서 이단으로 정죄된다. 사탄의 끈질긴 활동은 계속되어 신성을 부인하는 이단들로 이어진다(여호와의증인, 안식교, 천부교 등). 이단들은 왜 그리스도의 선재교리, 신성과 인성교리를 파괴하려 끈질기게 시도할까? 그리스도의 구원 사역이 실패로 돌아가도록 만들려는 것이다. 신성과 인성을 동시에 지닌 구세주로 예수님을 믿어야 구원받는데 어느 한 쪽을 믿지 못하도록 미혹하고 핍박하는 것이다.

예수님에게 양성연합이 왜 필요했을까? 인생을 죄에서 구원하실 온전한 구주의 자격을 얻기 위해서이다. 예수님은 우리와 동일한 인간이기에 내 죄를 대신하여 죽음의 형벌을 대신 받을 수 있다. 예수님이 하나님이시기만 했다면 육체가 없으니 사람을 대신하여 십자가에 달릴 수 없다. 육신이 없는 존재가 피 한 방울이라도 흘릴 수 있겠는가. 반대로, 예수님이 단지 인간이기만 했다면, 죄인들을 위해 대속의 죽음을 해보아야 효력도, 미치는 공로도 없다. 죄인 신분이 다른 죄인을 위해 대속할 수 없는 것이다. 당연히 죄성이 없는 인간이어야 했다. 그러기에 예수 그리스도의 신성과 인성의 연합은 인류 구원을 위해 절대적으로 필요하며, 양보할 수 없는 교리이다. 우리는 이걸 믿어야 한다.

이런 사실은 일견 믿기 쉬운 내용 같아도 쉽게 믿을 수 없다. 예수님의 제자들도 그랬으니까. 그래서 파스칼은 "마음에는 이성으로 이해할 수 없는 그 자체의 이성이 있다" "신앙이 무엇이냐, 나의 지성을 십자가에 못 박는 것이 진정한 신앙이다"라고 말했다. 예수님의 양성연합을 고백할 때 육으로 난 자들이 아니라 성령으로 거듭난 그리스도인이 되는 것이다.

우리가 붙들 것은 윤리의 인권이 아니다

기독교 신앙이 믿어야 할 두 번째 내용은, 예수님의 사역이다. 예수님이 나를 위해 이루신 일, 즉 '복음'에 동의하는 것이다. 복음은 십자가와 부활로 요약된다(롬 4:25). 십자가는 예수님의 것이면서 나의 것이다. 예수님은 나의 죄를 위해 대신 죽어 주신 것이다.

그러기에 그 사실에 동의하는 순간에 나의 죄는 십자가에 못 박혀 버린다.

인간의 근본적인 죄는 하나님 없이 살아가고자 하는 심사이다. 내 행위, 노력으로 천국에 갈 수 있다는 내 중심 사상이 죄의 뿌리이다. 선악과를 택한 것은 스스로 신이 되려는 인본주의의 교만이다. 아담은 피조물이면서 창조주가 되려 했다. 명령 수행자가 아니라 명령자가 되어 스스로 천국에 올라가는 길을 개척하고 싶었다. 이것이 아담의 죄였다. 그 죄가 전가되어 모든 인간은 죄의 성향을 갖고 태어난다(롬 3:10, 23). 예수님은 이 죄를 없애려 세상에 오셨다. 그리고 마침내 예수님의 십자가 대속의 죽음을 통해 우리는 죄에서 나오게 된 것이다. 이것이 우리가 믿어야 하는 기독교 신앙의 핵심이다.

우리는 십자가의 죽으심과 함께 부활을 믿는다. 예수님이 내 죄를 대신 감당하려 십자가에서 죽으셨어도 부활에 실패하셨으면 죄는 여전히 남아 있게 된다. 부활하심으로 하나님의 아들이심이 인정되었고 예수의 가르침은 진리라는 사실이 드러났고 부활의 첫 열매가 됨으로 우리 부활도 사실이 될 것임이 증명되었다(고전 15:20). 만약 십자가만 있고 부활이 없으면 가르침만 남는다. 가르침 자체만 해도 한 종교의 교주가 되는데 손색은 없다. 그러나 만약 부활이 없었다면 예수님의 말씀은 '가짜가 말하는 좋은 가르침'이 된다. 그걸 누가 진리라고 하겠는가!

프랑스 신학자 르낭(Renan, J. Ernest)은, 예수의 죽음에 대하여 "정치적 혁명을 통해 이스라엘을 독립시키려다 실패해서 처형되었다"고 주장한다. 십자가 형틀이 반란자만 처형하는 형벌임을 증거로 삼는다. 신학자 아벨라르(Abelard)는 도덕적 감화설을 주장한다. 십자가 위에서 보여 준 사랑이 백성들에게 감화를 주어 마음과 생각을 바꾸어 하나님에게로 돌이키도록 한다는 것이다. 예수를 박애주의나 정의를 위한 희생, 독립투사의 표본으로 미화시키기도 한다.

이런 주장은 공산주의자들의 박해보다 더 해롭다. 기독교는 박해를 받으면 더 순결하고 거세진다. 그러나 기독교를 박애주의 표상으로 삼아 버리면 복음의 정체성이 없어진다. 그 결과, 종교개혁이 발생한 5개국은 물론 유럽교회가 완전히 무너져 버렸다. 독일은 종교개혁의 대표주자 루터의 고향이다. 그런데 정작 현대의 독일인은 1.6퍼센트만이 매일 성경을 읽는다고 한다. 그밖에 80퍼센트는 "성경을 읽어야 할 이유를 찾지 못했다"고 답했다.[16] 이런 상황은 독일만의 문제가 아니다. 스위스에서 유학하는 목사님에게서 직접 들은 말인데, 그곳의 한 교회는 현재 3천 명이 교인으로 등록되어 있지만 정작 출석하는 교인은 30명 정도라고 한다. 스위스는 과거 칼뱅이 활동했던 곳이다.

기독교에서 부활을 삭제해 버리면 아무 것도 남지 않는다. 십자가와 부활만이 복음의 핵심이다. 십자가가 삭제되어 버린 기독교

---

16 데일리굿뉴스, 2023. 7.10.

는 생명을 잃은 것이다. 예수의 부활에 대해 인도 수상을 지낸 자와할랄 네루(Jawaharlal Nehru)는 이런 말을 남겼다. "수천 년 세월이 흐르는 동안 인도 종교들은 사람들에게 땅을 개간하고 집을 짓고 늪지를 메우고 댐을 건설하도록 자극하지 못했다. 그러나 교회는 하고 있다. 그런 점에서 교회는 칭송받아 마땅하다는 것을 인정해야 한다. 교회는 세계 도처에서 인간의 짐을 덜어 주려고 노력해 왔다. 교회가 인간을 자극하고 이끌었던 힘의 근원은 바로 예수 그리스도의 부활이었다."

교회 밖 사람들은 세계를 변화시켜 나가는 기독교의 힘을 부활에서 찾는다. 그런데 정작 교회는 부활과 십자가를 버리고 자꾸 도덕과 윤리와 인권에 매달린다. 기독교의 1차적인 구원을 영혼 구원에 두지 않고, 집을 지어 주고 먹을 것을 주는 것에 매진한다. 설교의 방향성을 인권이나 복지 향상에 두고 있다. 예수보다도 예수의 가르침을 더 중시한다. 우리 죄를 대속하지 않아도 좋고, 부활하지 않아도 좋으니 예수의 정신만 따르겠다는 것이다. 위대한 부활의 기독교를 윤리나 도덕 중심의 종교로 만들어 버리는 일종의 배달 사고이다.

기독교 변증가 C.S. 루이스(C.S. Lewis)는, "예수님의 최대 업적은 그분이 부활의 메시지를 선포한 것이고 그 메시지로 다시 사신 것이다"라고 말한다. 부활이 없는 기독교는 짝퉁 기독교이다. 배달사고가 나도 단단히 난 것이다. 불량 기독교를 믿지 않으려면 예수님이 하신 십자가와 부활을 단단히 붙들어야 한다. 예수 그리스도는 나의 구세주이시며, 내 삶의 왕 되심을 믿어야 한다.

한국 교회의 쇠락을 막을 수는 없다. 그러나 예수님의 이름, 그 생명의 이름을 놓지 않으면 한국 교회의 쇠락을 늦출 수는 있다. 이것이 우리에게 주어진 사명이자 시대적 책임이다.

8. 믿음의 동기
: 놀러 다니다가도 목사가 된다

믿음의 동기는 사람마다 다르다. 2017년 한국갤럽이 조사한 바에 의하면 기독교인들이 믿음을 갖게 된 동기에 대하여 '마음의 평안을 위해서' '구원과 영생을 위해서' '가족의 권유로' '건강, 재물, 성공, 축복을 위해서' '신자들과의 친교 목적으로' 순으로 응답했다. 불교와 천주교 역시 1위가 '마음의 평안을 위해서'로 꼽혔다. 다만 기독교보다 비율이 높게 나타난다. 불교가 69퍼센트, 천주교가 73퍼센트이다. 이에 비해 '구원과 영생을 위해서'라고 응답한 비율은 불교와 로마가톨릭이 각각 3퍼센트, 7퍼센트로 아주 낮게 나타난다. 기독교는 구원과 영생을 위한 믿음의 동기가 36퍼센트로 높다. 그러나 기독교 역시 1998년 조사 이래로 매번 신앙생활의 이유 1순위였던 '구원과 영생을 위해서'가 처음으로 2순위로 내려간 것이어서 주목된다.

이런 통계로만 볼 때 불교와 천주교는 믿음의 동기로서 '구원'과 '영생'에는 관심이 높지 않고 상당히 현세적이다. 그들에게 종교를 갖는 이유는 '세상을 사는 데 얼마나 도움이 될까?' 하는 쪽으로 기울어진다. 기독교 신앙 역시 믿음의 동기를 죽음 이후의 구원, 영생에 두고 있는 것만은 확실하지만 현세에서 유익함을 얻고자 하는 쪽으로 느리게 이동하고 있음은 별로 반가운 현상은 아니다.

왜 종교를 찾는가

어떤 이유로 믿음을 갖게 되는가. 한국인이 종교를 택하는 압도적인 이유는 '복을 받기 위해서'이다. 경제 수준이 낮을수록 종교를 복 받는 수단으로 여긴다. 민간종교는 대체적으로 기복신앙이다. 복을 받을 수만 있다면 대상을 개의치 않는다. 조상 대대로 내려오던 하늘의 신들은 물론 바위 하나하나를 복의 대상으로 만들어 놓았다. 모든 자연물에는 신이 깃들어 있다는 범신론 사상이다. 샤머니즘이 복에 매달리는 것은 당연하다.

불교에도 기복의 요소가 있다. 백일기도, 천배기도 등은 복을 기원하는 것이다. 한국 불교의 경우 샤머니즘과 겹친 부분이 있는 것 같다. 유교에서 조상을 숭배하는 제사도 조상들의 은덕을 입기 위해 하는 것이다. 유대교에도 기복은 있다. 예루살렘의 '통곡의 벽'에는 기도문으로 가득 차 있다. 타인의 기도 소원을 대신 꽂아 주는 사람들도 있다. 유대인들은 이걸 상품 이벤트로 만들어 낸다. 체신부에서 통곡의 벽 옆에 팩시밀리를 설치해 놓고 그 번호를 설정한다. 기도 내용을 팩스로 보내면 수수료를 받고 통곡의 벽에 꽂아 준다는 것이다.

기독교에도 기복 요소가 있다. 성지순례에서 떠온 요단강 물로
세례를 주는 교회도 있다. 예수님이 세례를 받으신 강물이니 의미
는 있을 것이다. 그러나 당시의 강물은 이미 흘러가고 없다. 그런
데도 요단강 물에 연연하여 세례를 받으면 뭔가 더 효험이 있으리
라는 생각이 기복신앙이다. 신의 초월적 힘으로 행복이나 안녕이
라는 복을 받으려는 마음에서 종교를 찾는 일은 자연스러운 일이
다. 그만한 기능만으로도 종교의 효능성은 어떤 학문, 사상, 예술
에 못지않다.

그러나 기독교 신앙은 그런 효과를 얻으려고 종교생활을 하기
에는 치르는 대가가 너무 크다. 그래서 기독교 신앙은 여기에 달
라붙는 기복주의를 떼어 내려고 무수히 노력해 왔다. 유진 피터슨
은《메시지》에서 종교를 이용물로 아는 사람들을 비판한다.

"우리는 자신에게 하나님을 이용할 권리는 주면서도 우리의 인간관
계는 건드리지 않는 종교를 찾는다. 우리는 사람들-남자와 여자와
아이들-과의 관계에서 염증을 느낄 때면, 찾아가서 위로와 영감을
얻을 수 있는 하나님을 원한다. 우리는 전쟁 같은 세상살이에서 우
리의 칼날을 벼려 주는 하나님을 원한다.
하나님께 줄을 대면서도, 사람들과의 관계는 우리 좋을 대로 하도록
내버려두는 종교를 원하는 성향은 그 뿌리가 매우 깊다. 인류 역사에
서 가장 장려되고 가장 잘 팔린 종교는 언제나 이런 유였다. 지금도
이런 종교가 가장 장사가 잘된다. 성경의 예언자들은 바로 이런 종교

를 뿌리 뽑으려 했다. 그들은 이 일을 위해 죽기 살기로 싸웠다."

기복신앙은 이타적이어야 할 종교인을 이기적인 인간으로 만들어 버린다. 종교를 이용하여 나만 잘되기를 바라는 기복주의에는 윤리성이 희박하다. 복을 받으려고만 하지 정직과 진실과 용기에는 별로 관심이 없다. 이런 기복신앙이 미신이다. 미신(迷信)은, '마음이 무엇에 끌리어 잘못 믿거나 아무런 과학적 근거도 없는 것을 종교적 신앙으로 맹신하는 것'이다(국어사전). 종교학자들은 종교로서의 체계를 갖추고 있으려면 3요소가 있어야 한다고 말한다.

대상: 믿는 대상이 분명해야 한다.
경전: 성경이나 불경 등의 경전이 있어야 한다.
조직: 교단을 이끌고 가는 체계적인 조직이 있어야 한다.

이것이 없을 때 그 종교는 미신이다. 종교의 3대 요소를 정식으로 갖추고 있어도 기복으로 가득 차 있다면 미신적 종교관이다. 미신은 불확실성을 맹신한다. 잘못된 믿음의 동기는 사탄이 만들어 내는 것이다. 이제 '어떤 계기로 처음 믿음을 가졌나' 하는 믿음의 동기 부분을 살펴보자.

그들은 어쩌다 주님을 믿게 됐을까

윌리엄 제임스는 종교에 귀의하는 유형을 건강형과 병적형으로 구분한다. 건강형은 특별한 문제의식 없이 자연스럽게 믿음을 갖는 경우이다. 이들에게 종교란 삶의 전부가 아니라 일부분이다. 병적형은 삶의 어려움을 해결하기 위해 종교를 찾는 유형이다. 생사 문제는 삶의 일부분이 아니라 전부를 차지한다. 생사의 문제를 해결하지 않고서는 삶의 의미가 없다고 느낀다. 그래서 병적형은 자칫 병적으로 종교에 올인하게 된다.

건강형의 종교 귀의자들은 급할 것이 없다. 교리나 제도에 얽매이지 않고 여가 활동을 하듯, 특별한 동기가 없이도 자연스럽게 신자로 등록한다. 종교란에 뭐라도 기록하면 인생에서 갖출 것은 대부분 갖추고 사는 듯한 안도감이 바닥에 깔리게 된다. 종교는 그 정도이면 되는 것이다. 처음부터 내 인생은 내가 결정하고 책임지는 것이기에 내게서 차지하는 종교의 비율은 20퍼센트 이하면 넉넉하다.

이와 반대되는 동기로 교회를 찾는 분들이 있다. 살다 보면 돌풍도 만나고 위기 앞에도 서게 된다. 내 힘으로는 도무지 감당이 되지 않는다. 그래서 인간의 한계상황 앞에서 믿음으로 귀의하게 된다. 우리가 마주치는 한계상황은 죽음, 고통, 질병, 가난 등 인간이 근본적으로 피할 수 없는 상황들이다. 이 한계상황 앞에서 어떤 이들은 절망감을 이겨 내지 못하고 삶을 포기하기도 한다. 그러나 어떤 이들은 인간의 본질적인 존재를 이해하고 신에게 도움을 구하는 믿음을 갖게 된다. '한국의 지성' 이어령 박사가 그랬다.

이어령 박사는 작년에 하나님의 부르심을 받았다. 그에게는 민아라는 딸이 있었는데, 결혼에 실패해서 늘 아버지의 근심이 되었다고 한다. 하루는 딸이 하와이 체류 중에 연락이 왔다. 망막박리 진단을 받아 거의 앞이 보이지 않고 수술도 불가능한 상황이라면서 아버지의 얼굴을 마지막으로 보고 싶다고 했다. 박사는 실명 위기에 처한 딸을 만나기 위해 하와이로 날아갔다. 그는 그곳의 한 작은 교회에서 하나님께 딸의 망막이 붙어서 시각장애인만 되지 않는다면 내 인생을 드리겠노라고 눈물로 기도한다. "만약, 민아가 어제 본 것을 내일도 볼 수 있고 오늘 본 내 얼굴을 내일 또 볼 수만 있게 해주신다면 저의 남은 생을 주님께 바치겠나이다."

7개월 뒤, 딸은 찢어졌던 망막이 기적적으로 다시 붙어서 실명을 가까스로 면했다. 주님이 기도에 응답해 주신 것이다. 2007년 7월, 이어령 박사는 딸의 생일에 딸이 보는 가운데 도쿄의 한 호텔에서 세례를 받았다. 그의 나이 73세였다. 세례를 받으며 "딸의 믿음이 나를 구원했다"라고 말했다. 그동안 살아왔던 높은 상아탑에서 내려오며 참석자들에게 이런 부탁을 했다고 한다. "오늘부터 저는 신자의 길을 걷습니다. 그동안 많은 직함을 갖고 여기까지 걸어왔습니다. 이제 새로운 길을 떠납니다. 이 길이 외로울 수도 있지만 신자로서 한 발 한 발 나아가고 싶습니다."

이어령은 딸이 치유받은 기적 때문에 하나님을 믿는 것은 아니라고 여러 차례 밝혔지만 힘들게 살아가는 딸이 하나님께 나아가는 동기가 되었던 것만은 사실이다. 이처럼 자신만만했던 인생들도 한계상황에 부딪히면 신에게 도움의 손을 내밀고 믿음을 갖게 된다.

MBC 뉴스데스크 주말 앵커로 잘 알려진 방송인 출신 조정민 목사가 믿음을 가지게 된 동기는 좀 특이하다. 기자 시절의 그는 "술을 마시지 않으면서 기자 생활을 하라고 하면 누군들 못하겠느냐"고 일갈할 정도로 술꾼이었다. 그는 외국 특파원, 간판 뉴스의 앵커 등 방송계에서 승승장구했다. 그러나 그 무렵 그의 아내는 날마다 새벽기도회에 나가 가정을 팽개치고 일에 미쳐 사는 남편의 구원을 위해, 그가 가정을 소중히 하는 가장으로 돌아오게 해 달라고 하나님께 매달렸다. 그는 온누리교회 집사인 아내가 광신에 빠지는 줄로 알고 짜증을 냈다.

1997년, 교회 옆 골프장에서 연습을 마치고 집으로 가려다 온누리교회 새벽기도회에 들렀다. 뜨거운 영성을 의심해서 사이비교회로 고발할 '기삿거리'가 혹시나 있지 않을까 하는 야릇한 호기심이 발동했다. 이른 새벽에 예배당에 모인 사람들이 방언을 하고 눈물을 흘리는 그 생소한 광경에 눈살을 찌푸리던 그는 마침 들려오는 "너 예수께 조용히 나가…"의 찬송가에 자신도 모르게 감동을 받고 무릎을 꿇었다. 왜 그런 일이 일어났는지 자신도 알 수 없었다. 그렇게 교회를 출입하게 된 그는 후에 하용조 목사의 권유로 신학에 입문하고 목회자가 되어 지금은 행복한 목회를 하고 있다. 그에게 믿음의 동기는 하나님의 예비하심과 아내의 기도였지만 드러난 동기는 잠입 취재로 얻으려고 했던 '기삿거리'였다

동기를 만들어 내는 분도 하나님

월리엄 스왈론(William L. Swallen. 소안론) 선교사는 한국에서 40년을 헌신했다. 평양에서만 33년을 거주하며 관서지방에 교회를 설립하고 복음을 전하였다. 특히 부흥사 김익두 목사와 제주도 1대 선교사 이기풍 목사를 회심케 한 선교사로 알려져 있다. 조선인 복장을 하고 수염을 길러 조선 사람들과 동화하려고 노력했다.

김익두 목사는 황해도 안악에서 유명한 깡패였다. 안악교회에서 월리엄 스왈론이 인도하는 부흥사경회가 열렸다. 선교사의 부인 샐리가 장터에서 전도지를 나누어 주는데, 김익두 목사는 그걸 받아들고는 일부러 코를 풀었다. 샐리가 "그렇게 하면 당신의 코가 썩습니다!"라는 말에 콧방귀를 뀌고 집으로 돌아왔지만 계속 맴도는 선교사 부인의 말에 슬슬 걱정이 되어 그날 밤 뜬눈으로 밤을 새웠다.

그 후 김익두 목사는 안악교회에서 월리엄 스왈론 선교사가 영생을 주제로 한 설교를 듣고 회심하게 되었다. 10개월간 언행을 삼가고 술을 끊고 성경을 읽었다. 월리엄 스왈론 선교사에게 세례를 받고 매서인이 되어 복음을 전하는 사람이 되었다. 훗날 평양신학교 3회 졸업생으로 많은 사람에게 복음을 전하는 대부흥사로 거듭난다. 김익두 목사는 "코 썩는다!"는 말이 동기가 되어 믿음을 갖게 되었다.

방배동 현대교회 부교역자 시절에 만난 박 아무개 안수집사는 1980년대에 재봉틀 공장을 운영했다. 재봉틀이 잘 팔리던 시절이라 사업은 날개가 달린 듯이 호황이었다. 그러다 공장에 불이 나서 완전히 망하고 말았다. 몇 년 후에 박 집사는 얼굴 찜질마사지 기구를 개발했다. 여성들에게 큰 인기를 얻으며 돈을 엄청 벌었다. 그래서 운전기사를 두고 큰소리를 치며 살았다. 교회는 대충 다녔다.

그런데 찜질마사지 기구가 폭발하여 소비자 하나가 얼굴에 화상을 입었다. 이것이 매스컴에 보도가 되면서 회사가 다시 망하였다. 박 집사의 삶에서 이런 부침은 계속되었다. 내가 교육전도사로 갔을 때 박 집사는 지하방에 살면서 관리집사로 일하고 있었다. 얼굴이 평화로웠다. 50명 직원을 거느리던 사장일 때보다 예배당의 궂은일을 도맡아 하는 관리집사인 지금이 더 행복하다고 했다. 하는 것마다 망하게 되는 사업 실패가 박 집사에게는 믿음의 동기였다.

우리 교회 오 집사는 열성 신자인 아내 손에 끌려 교회로 나왔다. 종교에 별로 관심이 없었지만 아내와 잘 지내고 집안이 평안하려면 교회에 '나가 주어야' 한다는 기특한(?) 판단에서 나오기 시작했는데, 지금은 안수집사로서 오랜 세월을 함께 동역하고 있다. 그에게 믿음의 동기는 가정의 평안이었던 셈이다.

내 경우, 믿음의 동기는 단순하다. 동기라고 할 것도 없다. 집 근처에 예배당이 세워지고 일찍부터 예배당에 '놀러 다니다가' 오늘까지 믿는 신자가 되었다. 이렇게 믿음의 동기는 사람들마다 각양각색이다. 동기는 출발 지점이다. 동기가 시작점으로 끝나서는 안 된다. 어떤 연유로 믿음을 시작했던지 '필요'에 의해 시작되었던 그 지점에서 벗어나 영혼 구원이라는 목표를 향해 믿음의 길을 걸어갈 때 열매를 맺는 믿음이 된다.

40여 년 한 교회를 담임하면서 수많은 사람을 만났다. 우리 교회에 오고 간 많은 사람은 신앙생활을 제대로 해보기 위한 목적보다는 친구의 권면에 한두 번 나와 보았거나 부흥회에 참석한 분들이다. 그들은 교회에 몇 번 나오면서 자신들의 동기에 부응받지 못했기에 교회와 인연을 끊어 버렸다. 개인적인 필요를 채우기 위한 동기였지만 점차 기독교 신앙으로 나아간 사람들은 지금은 직분자가 되어 행복한 믿음생활을 해나가고 있다. 그런 분들이 우리 교회, 한국 교회를 지켜 내고 있다. 그와 같은 신자들을 보는 즐거움이 목회의 보람이며 열매이다.

동기야 어떻든, 지금 있는 상태에서, "믿음은 계단 전체를 보지 못하더라도 한 발짝 내딛는 것이다"라는 마르틴 루터 킹(Martin Luther King Jr)의 말처럼 조금씩 믿음을 배워 나가려는 결심만 있다면 하나님이 겨자씨만 한 믿음도 큰 나무로 성장하도록 이끌어 주실 것이다.

나에게 믿음의 동기를 만들어 내신 분은 하나님이다. 내 일생이 하나님의 구원 프로젝트에 있었기에 정한 시기에 나를 부르시고 믿게 되는 계기를 만들어 내신 것이다. 그러니 내 믿음과 구원은 전적으로 하나님에게 속한 것이다. 이를 믿기에 나는 하나님이 좋을 수밖에 없다.

9. 믿음의 동력
: 내 힘으로 가다간 노가 꺾인다

누구에게나 삶의 동력이 있다. 원동력(原動力)은 '어떤 움직임의 근본이 되는 힘'으로 열, 수력, 풍력, 화력 따위이다. 대한민국 경제성장의 동력은 국민들의 불굴의 투지와 단합, 기업가 정신, 기술 혁신, 숙련된 노동력이요, 요즘은 빠른 인터넷 네트워크를 꼽을 수 있다. 부모에게는 자식이 동력이다. 자식이라는 동력이 빠져 버리면 무슨 힘으로 인생이 작동될까? 돈, 명예 성취, 꿈, 복수심 등을 동력으로 삼아 살아가고 어려움을 견디는 분들도 있다.

믿음에도 동력이 있어야 한다. 믿음의 동력이 종교심이라면 괜찮은 사람으로는 살아갈 수 있다. 양심이 작동하면서 권선징악 프레임으로 어느 선까지는 선을 택할 수 있다. 그러나 내 이해득실이나 죽고 사는 문제라도 걸리면 그 양심을 포기하기도 한다. 흔들리지 않는 믿음으로 꾸준히 가려면 종교심에서 나온 동력만으로는 역부족이다. 더 강한 원동력이 있어야 한다.

신앙생활은 행복해야 한다

세월이 흘러도 즐겁고 행복한 기독교 신앙이 되려면 믿게 된 동기가 어떠하든 우선 좋은 믿음으로 동력을 삼아야 한다. 믿음의 길은 한두 코스로 수료하는 단계가 아니다. 죽을 때까지 믿고 걸어가야 할 머나먼 순례길이다. 누구 때문에 나가 주고, 어떤 필요를 채우려고 다닌다면 믿음의 길은 억지가 되고 그만큼 힘들어진다. 세상은 갈수록 살기 좋아지고 재미도 있어 정신 바짝 차리지 않으면 믿음의 바른 길을 놓치고 만다. 그러니 좋은 믿음, 즐거운 믿음으로 살아야 한다.

요즘 와서 믿음이 좋다는 기준이 자꾸 헷갈린다. 통상 '믿음이 좋다'고 말할 때 일정한 기준이 있다. 일단은 주일성수가 기본이다. 그밖에 십일조, 성경 읽기와 공부, 새벽기도, 교회 봉사 같은 것들이 제대로 지켜져야 한다. 그러지 않으면서 좋은 믿음을 가진 신자들은 거의 보지 못했다. 문제는 이런 요소들을 갖추었음에도 과연 믿음이 좋은 분인가 의심되는 분들이 있다. 또 '유능한 목회자이면 믿음이 좋은 목사님인가?'라는 질문 앞에서도 머뭇거려진다. 목회 성공과 믿음이 함께 가는 것만은 아니기 때문이다.

김진홍 목사님이 쉽고 즐겁게 믿어야 좋은 믿음이라고 썼던데, 내 생각에도 그렇다. 신앙생활에 지나친 조건이나 이유를 붙이지 말고 어린애처럼 순수하게 믿는 것이 좋은 믿음이다. 율법주의를 버리면 된다. 제직회 재정 보고에서 천 원 틀렸다고 대단한 재정 사고라도 생긴 것처럼 소리를 질러 대거나, 교통사고 났다고 금방

주일성수 못한 것과 연결 짓고, 아이가 아프다고 십일조 떼먹은 것과 연결하면, 이거 어디 두렵고 어려워서 신앙생활 하겠는가. 예수를 쉽게 그리고 행복하게 믿으면 좋겠다.

새벽기도회에 출석을 체크하는 교회도 있다는 말을 들었다. 나름 훈련의 방식이지만 그런 교회를 생각하면 공연히 주눅이 든다. 예수님이 죄와 율법에서 우리를 해방시키고 자유를 주신 이유는 즐겁고 쉽고 재미있고 행복하라는 뜻에서다. 풍성한 삶을 살라는 것이다(요 10:10). 그런데 들들 볶고 다그쳐 교회가 부흥하면 뭐 할까? 신자들은 교회 생활이 너무 힘든데 예배당 규모를 키우는 것이 목표가 된다면 교회다움을 포기한 교회이다. 게으른 교인들을 만들자는 말이 아니다. 매사에 자원하는 마음으로, 서로 간에 감사하는 마음으로 즐겁게 신앙생활을 하자는 것이다.

좋은 믿음은 부드러운 감화력을 지닌다. 예수님은 야성미 넘치는 남자도 꽃미남도 아니다. 그래도 슈퍼스타이다. 기적과 능력 때문일까? 아니다. 감화력이다. 간음하다 들킨 여인에 대한 용서(요 8:1-11), 훔치듯 능력을 앗아간 여인에게 보인 다정함(막 5:21-34), 배신자에게조차 사랑을 거두지 않는 인격(요 13:1), 십자가에서 용서를 보였던(눅 23:34) 감화력을 지닌 분이다. 예수님의 영향을 받아 제자들도 신자들도 그런 감화력이 있었기에 초대교회가 부흥한 것이다.

초대교회는 고독한 개인들이 모였다. 사회에서 소외된 평민들이다. 지치고 힘들고 절망한 사람들이 복음을 듣고 기뻐하며 즐거

위하는 공동체를 이룰 때 하나님의 나라가 이루어졌다. 얼마나 재미있게 믿는지 옆에서 보는 비신자들이 부러워할 정도였다. 그 기쁨을 누리려 너도나도 교회로 들어왔고 교회는 단기간에 부흥했다. 사도들이 신비주의나 개인주의에 빠져 혼자 신앙생활에 연연했다면 부흥하지 못했을 것이다. 쉽게 믿고, 감화력이 나타났고 공동체 안에서 행복하고 즐거워하는 믿음이 초대교회를 성장시키는 원동력이 되었다. 개인들도 좋은 믿음으로 원동력을 삼아야 믿음의 순례 길을 멀리, 오래, 즐겁게 갈 수 있다.

은혜가 원동력이 되어야 내 힘이 빠진다

믿음생활을 끌어가는 두 번째의 원동력은 은혜이다. 우리는 하나님의 은혜를 계속해서 공급받아야 한다. 그래서 내 믿음의 원동력, 나아가 교회의 원동력이 하나님의 은혜가 되어야 한다.

영국에서 열린 비교종교학 회의에서 세계 각국 전문가들이 기독교 신앙의 독특성을 토론했다. 답이 될 만한 단어를 올려놓고 정답이 아니면 하나씩 지워 나갔다. 우선 '사랑'이라는 단어를 올렸지만 다른 종교에도 있다는 말에 지웠다. 신이 인간으로 환생한 '성육신' 역시 다른 종교에도 있다(단군신화 등). '부활'은 어떨까? 그리스-로마신화의 신들은 죽었다 살아나기를 마음대로 한다. 그러면 대체 기독교 신앙의 독특성을 무엇으로 말할 수 있는 것일까?

그때 영국 태생의 기독교 변증가이며 소설가인 C.S. 루이스가 방을 잘못 찾아들어 왔다. 루이스가 "무얼 그리 열심히 토론하고

있소?" 하고 묻자 전문가들은 기독교만의 독특성을 논하는데 결론
이 모아지지 않는다며 고충을 토로했다. 그때 루이스가 대수롭지
않게 "그거야 쉽죠! 은혜 아닙니까?"라는 말로 토론을 종결했다고
한다.

지성적인 작가 필립 얀시(Philip Yancey)도 《놀라운 하나님의 은
혜?》(IVP. 2020)에서 은혜를 '마지막 최고의 단어'라며 교회를 은혜
의 기관으로 소개한다. "웬만한 일에는 세상도 교회 못지않다. 집
을 지어 주고 가난한 자를 먹여 주고 아픈 사람을 고쳐 주는 일은
굳이 교인이 아니어도 할 수 있다. 그러나 세상이 못하는 일이 하
나 있다. 세상은 은혜를 베풀 수 없다."

그렇다. 흔히 기독교를 상징하는 단어를 '사랑' '구속' '십자가'
라고 말한다. 기독교의 핵심 가치 단어들인 것은 맞다. 이런 단어
들을 빼면 기독교는 존재하지 못한다. '사랑'만 해도 성경에 557회
가 나오니 기독교를 대표할만한 단어이다. 그런데, 하나님의 사랑
이 우리에게 흘러오고 그 사랑으로 우리가 구속을 받고 하나님의
자녀가 되는 그 원인과 과정에는 은혜라는 해류(海流)가 흐른다. 은
혜가 없으면 하나님의 사랑도 값없이, 조건 없이 우리에게 닿을 수
가 없고 믿음으로만 이루어지는 '이신칭의' 구원도 없고 오늘의 나
됨도 없다. 그래서 성경에는 '은혜'라는 단어가 291번이나 나온다.

은혜가 내 믿음의 원동력이 되어야 한다. 믿음이 좋고 봉사력이
뛰어나도 비은혜 신자가 되면 '해로운 신앙'이다, 유대인은 하루
세 번 기도, 일주일에 두 번 금식, 엄격한 안식일 준수, 먹을 음식

과 금지된 음식으로 철저히 구별했음에도 즐거움이 없었다. 하나님에 대한 두려움, 서로에 대한 비판과 감시, 엄한 얼굴로 인해 종교는 "수고하고 무거운 짐"(마 11:28)이 되어 버렸다. 계명 종교에 구속되고 율법 종교에 매여 버리자 은혜가 말라 버린 것이다.

예수님이 오셔서 종교생활을 쉽게 해주셨다. 지나치게 형식적인 것을 폐지시키고 심령이 하나님의 은혜로 새로워지는 복음을 전했다. 복음은 율법에서의 자유와 해방이라는 복된 소식을 갖고 왔다. 은혜가 채워지자 더 기도했다, 말씀을 더 사모했다. 구원받기 위한 노력 차원의 봉사와 예배가 아니라 하나님의 백성 됨이 기쁘기에 열심히 봉사했다. 유대교에 소속되어 있을 때보다 더 뜨겁고 열성적인 신자들이 되었다. 초대교회의 믿음의 동력은 율법이 아니라 하나님의 은혜였기 때문이다.

한국의 크고 작은 교회들이 은혜에서 멀어졌을 때 얼마나 부끄러운 모습을 보였는지 모른다. 한국 교회의 민낯이 거기에 있다. 우리가 왜 그리 싸웠을까? 은혜가 말랐기에 마른 눈으로 서로를 보니 노려보게 되고 미워 보이고, 그래서 죽을힘을 다해 싸웠다. 세상에, 싸울 곳이 없어서 교회 안에서 싸운다. 한마디로, 골치 아픈 신자들이다.

김진홍 목사가 미국 집회를 갔는데 교회가 오랫동안 싸우고 있었다. 목사의 중재에도 핏대를 올리고 상대방을 정죄하기를 일삼았다. 믿음 좋은 신자들이 싸움 기술자들처럼 싸웠다. 능력을 달라 기도하면서 싸우고 믿음으로 싸우니 장난이 아니다. 교회 싸움이 그만큼 무섭다. 싸움은 몇 년이 지나도 그치지 않았다. 보다보다 못해 김진홍 목사가 이런 중재를 했다.

"장로님 권사님들은 너무 열심인 게 탈입니다. 그러니 주일에 교회 나오지 말고 골프 치러 가시고 집에서 푹 쉬시고 열심 없는 사람들만 나와서 예배드리고 가도록 합시다!"

말의 뜻을 잘 받아야 한다. 교회에 오지 말라는 말에 방점이 있는 게 아니다. 은혜 없는 열심을 내지 말라는 것이다. 내 힘으로 열심을 내는 사람들을 보면 은근히 겁난다. 일을 하고 나서는 꼭 생색을 내고 일 못하는 사람들을 책망한다. 제발 열심이 좀 빠졌으면 싶다. 은혜가 없으면 내 열심도 함께 없어야 한다. 은혜가 아니라 내 열심이 원동력이 되면 불안하다. 은혜가 아니거든 푹 쉬다가 성령의 감화 감동으로 은혜로 푹 채워지면 그때 열심을 내면 좀 좋을까.

내 힘으로 버티려면 교회는 하루도 있을 곳이 못 된다. 위선적이고 눈에 거슬리고 사람 관계가 힘들어 맨날 시험을 받지만 마음에 하나님의 은혜가 채워지고 은혜의 안경을 쓰면 모두 사랑스럽게 보인다. 남이 아니라 내가 변한 것이다. 교회 저수지가 은혜로 채워지니 이리해도 재미가 있고 저리해도 멋이 있고 그리해도 즐거움이 있는 교회공동체가 된다. '놀라우신 하나님의 은혜'가 교회를 끌어 가는 원동력이 되기 때문이다.

성령 충만은 삶으로 나타난다

예수님의 부활 이후 성령을 받고 불덩이 같은 것이 하나씩 임하니(행 2:3) 사람들이 달라졌다. 방언하고 찬양하는데 각양각색이다. 왜 새 술에 취한 사람들로 보였을까(행 2:13). 성령 충만이나 술 충만이나 어느 선까지는 비슷한데, 결정적으로 성령 충만은 거룩한 영에 취함이며 술에 취하는 것은 인격도 교양도 벗어 버리게 만든다. 취해도 보기 싫게 취하는 것이다.

예수 그리스도의 보혈로 구속함을 받았으니 하나님의 백성으로 어찌 살아야 할까. 성령 충만이 믿음의 원동력이 되어야 한다. 성령으로 충만해지면 나는 성령에 속한 사람이고 육신으로 채우면 육신에 속한 그리스도인이 된다. 내 믿음, 별 것 아니다. 내주하시는 성령이 기죽고, 내 기가 살면 엉망진창이 된다. 성령을 계속 공급받아 충만해야 한다. 성령 충만이 믿음을 끌고 가는 원동력이 되어야 한다. 성령 충만은 예수님으로 충만해지는 것이다.

날마다 성령을 사모하고 채워야 한다. 정기적으로 예배를 드리면서 믿음이 새는 곳을 막아야 한다. 기분 나쁘다고, 시험에 들었다고 불만을 터트리면 그때마다 믿음이 샌다. 구원의 즐거움과 자원하는 봉사가 사라진다(시 51:12 참조). 그러면 억지 신앙이 된다. 요절신앙은 위험하다. 때로는 요절신앙 때문에 성령 충만이 방해가 된다. 말씀이 없이, 삶이 없이 성령 충만했다고 자만하는 사람들, 목회를 하다 보면 이런 사람들이 힘들다.

김진홍 목사가 청계천에서 넝마주이를 하면서 교회를 개척했는데, 넝마주이 대장이 예수를 믿었다. 청년회장이 되고 집사가 되고 장로 후보로 염두에 두었는데, 하루는 달 밝은 밤중에 동네가 시끌벅적했다. 장로 후보가 뭔가 일이 안 풀렸는지 판잣집 예배당 지붕에 올라가서 술병을 들고 소리 지르고 있었다.

"하나님, 내려오시오. 나하고 한잔합시다!"

김진홍 목사가 소식을 듣고 놀라 달려갔는데 잘 왔다는 듯이 소리를 질렀다.

"아, 돌팔이 목사님 나오셨군. 돌팔이 목사님도 올라오시오! 돌팔이 목사, 돌팔이 집사, 돌팔이 하나님, 돌팔이들이 삼위일체로 한잔합시다!"

잘 달래서 집으로 끌고 왔는데 다음 날, 술이 깨니까 이 장로 후보가 멀쩡한 얼굴로 이렇게 말했다.

"목사님! 제가 술을 먹어도 실수는 잘 안 하는 편인데 혹시 술김에 실수한 거 없습니까?"

시쳇말로 환장할 노릇이다. 그래서 개척 15년이 되었는데도 장로를 세우지 못했다. 집사가 지붕에 올라가면 수습이 되는데 장로가 올라가면 쉽지 않기에 엄두가 나지 않는다고 했다. 이런 사람들이 성령 충만 받았다고 박수 치고 신학하고 목사가 된다. 말씀이 없기에 깊이가 없어 성령의 다스림을 받을 수 없다. 평상시는 괜찮다가도 화가 나면 다 뒤집어 놓는다.

성령 충만은 예수 그리스도의 영으로 가득 채워지는 상태이다. 예수님의 사랑, 용서, 긍휼과 자비, 온유함으로 매일 채우는 상태

이다. 성령 충만은 삶을 통해서 나타나야 한다. 단순히 기도나 박
수의 손끝으로부터 나오는 충만은 성령 충만의 본질이 아니다. 헨
리 포드(Henry Ford)는 마차를 끄는 소가 불쌍해서 자동차를 만들었
다고 한다. 달구지를 끄는 소와 말은 제 힘으로 끄니 얼마나 힘들
까. 배를 노에만 의지한다면 사공이나 선원들은 고생이다. 자전거
가 페달에 의지해서 간다면 오르막길이 힘들다. 타이어에 펑크라
도 나면 고생길이 열린다. 내 힘으로는 믿음이 얼마 가지 못한다.

동물원 동물들의 우수 상태는 얼마나 많이 먹었는가, 오랫동안
동물원에 있었나 같은 항목으로 평가하지 않는다. 탐스럽게 건강
하고 관람객에게 즐거움을 주는가로 평한다. 믿음도 마찬가지이
다. 얼마나 잘 알고, 오래 믿었는가는 중요하지 않다. 내 힘으로 믿
어 왔다면 뻔하다. 인격적인 좋은 믿음, 하나님의 은혜, 성령 충만
을 원동력으로 믿어야 햇수와 관계없이 제대로 믿고 잘 살아온 사
람이다. 단순히 교과서적인 말이 아니다! 지금 무엇으로 믿음의
원동력을 삼아 교회에 다니고 있나 점검해 보라. 여차하면 내 믿
음의 원동력을 교체해야 한다.

10. 믿음의 자세
: 영원을 위해 세상 유익을 버릴 수 있는가

오래 믿어도 믿음의 폼(form)이 잡히지 않는 분들이 있다. 믿는다고 하면서 그냥저냥 교회에 나오다 보니 교회생활이 몸에 배었다. 머리할 때가 되면 이발소나 미용실에 가고 혈압 약이 떨어지면 병원에 가듯이, 다람쥐 쳇바퀴 돌 듯이 나들이 교회생활을 한다. 다니다 보니 직분도 주기에 받는다. 그래서 믿음이 뭐냐, 물으면 "교회 다니는 것이지요" 정도로만 답한다. 믿음의 자세가 바로 세워지지 못해 그렇다.

할아버지가 30여 년이나 수염을 길러 배꼽까지 내려왔다. 어린 손자가 궁금증을 참지 못하고 여쭈었다.

"할아버지는 주무실 때 수염을 이불 안으로 넣고 주무세요? 밖으로 내놓고 주무세요?"

손자의 질문을 받고 보니 30년 동안 수염을 기르면서도 여태껏 생각해 보지 못했다.

"글쎄, 할아버지도 잘 모르겠네. 오늘 밤 자 보고 가르쳐 주마."

그 밤에, 할아버지는 수염을 이불 속으로 넣으니 답답하고 밖으로 내놓으니 허전하다. 밤새도록 수염을 이불 안으로 넣었다 꺼냈다 하다가 다음 날 손자에게 이렇게 답해 줬다.

"나도 모르겠다!"

믿음이 그렇다. 오래 믿는다고, 직분이 있다고 바른 믿음이 아니다. 믿음의 자세가 좋아야 한다. 믿음의 대상도 좋고 내용도 잘 알고 원동력도 좋지만 자세가 바로 세워지지 않으면 십자가에 기초를 둔 기독교가 아니라 내 식의 기독교를 만들어 낸다. 그래서 교회 안에서는 내 방식, 내 성격, 내 성향, 내 식대로 믿겠다는 사람이 가장 위험하다. 그것이 사사시대를 요약할 수 있는 "자기 소견대로 사는"(삿 17:6) 인본주의 신앙이다. 기독교 신앙은 "내 식대로" 믿으면 안 된다. 오직 하나님의 방식, 원리만 있을 뿐이다. 하나님의 원리대로 믿음의 터를 세우는 것이 믿음의 자세이다. 히브리서 기자는 믿음의 기본자세, 태도를 보여 준다.

순종의 자세

히브리서 11장에는 "믿음으로"라는 말이 반복된다. 등장인물들은 하나같이 하나님의 인정을 받았던 믿음의 용장들이다. 그래서 믿음장이라 불린다. 그들은 어떤 자세로 믿었을까? 특히 아브라함이 신앙생활을 시작할 때 어떤 자세로 믿음의 길을 걸었을까?

아브라함은 부르심을 받았을 때에 순종하였다(히 11:8). 아브라함의 일생을 관통하는 단어가 '순종'이다. 순종은, 순순히 따르는 행위이다. 다신론 세상에서 살던 곳을 떠난다는 것은 뉴욕의 월스

트리트, 영국의 런던, 홍콩의 금융가에서 연봉 수십억 원씩 받던
사람이 '아프리카 선교사로 가라'는 명령만큼이나 순종하기가 쉽
지 않는 부르심이다. 그럼에도 아브라함은 목적지조차 몰랐지만
길을 나섰다. 100퍼센트 절대적인 순종이다.

　믿음의 영웅들은 이렇게 하나님의 존재를 믿으면서 어떤 상황
에서든 절대적인 순종을 보였다. 믿음으로 모든 세계가 하나님의
말씀으로 지어진 줄을 믿었다(히 11:3). 천지창조의 하나님을 믿은
것이다. 베드로와 바울 사도는, 모든 성경은 하나님의 감동으로 되
었다(벧후 1:21, 딤후 3:16) 라고 밝힌다. 성경 1,189장 한 절 한 절, 단
어 하나 하나 모두 하나님의 말씀이라는 것이다. 모든 말씀에 아
멘! 순종하는 것이 믿음의 기본자세이다.

　하버드대학교에서 지질학 박사학위를 받은 커트 와이즈(Kurt
Wise)는 진화론과는 상반되는 천지창조설을 믿는 젊은 지식인이다.
진화론을 배우면서 창조론과 갈등을 느끼자 성경을 살펴보고 진
화론과 배치되는 내용을 잘라내기로 했다. 작업을 마쳤을 때 두려
워했던 진실과 마주하게 된다. 성경에 남아 있는 페이지가 몇 장
안 되었던 것이다. 그럼에도 믿음으로 성경을 택한다. 그는 말한
다. "내가 하나님의 말씀을 받아들이고 진화론을 포함해 그에 반
하는 모든 것을 거부한 것은 그날 밤이다. 지구상의 모든 증거가
창조론이 틀렸음을 증명한다면 내가 먼저 진화론을 받아들이겠
다. 하지만 지금은 여전히 창조론을 믿는다. 여기가 바로 내가 서
있어야 하는 곳이다."

진화론이나 창조론은 양자 모두 믿음을 전제로 하는 선택이다. 창조과학이냐(창조론), 과학종교냐(진화론)는 개인의 선택이다. 과학적인 만물 창조는 이미 완성된 학문이 아니라 끝없는 탐색이다. 오늘은 A과학자에 의해 이렇게 설명되고, 내일은 B과학자에 의해 다른 설이 제기된다. 기존의 과학 이론이나 진화론 주장이 언제 뒤집힐지 모른다. 그러기에 창조와 과학 중에 하나를 선택해야 한다면 만물의 기원, 인류의 출발이 하나님이라는 성경의 주장을 받아들이고 순종하면서 살아가는 게 훨씬 더 목적이 뚜렷한 존재로 살 수 있다.

히브리서 11장에서 믿음의 영웅들은 상황에 대해서도 순종한다. 성경을 잘 알고 믿는 것만이 전부는 아니다. 내 이익에 당장 손해가 되는 상황에서도 절대적 순종이 좋은 믿음이다. 믿음으로 노아는 120년 동안 방주를 지었다(7절). 믿음으로 아브라함은 갈 바를 알지도 못하면서 당시 최고의 문화도시를 떠난다(8절). 믿음으로 사라는 90세가 가까워 가임기가 지났으면서도 임신을 믿었다(11절). 현실은 모든 것이 '아니다!'라고 가르쳤지만 그들은 약속을 주신 '하나님'을 바라보고 믿었다. 상황보다 여호와 하나님을 믿었다. 내 몸의 인식이나 감각보다 창조주 하나님을 믿은 것이다.

어려운 상황에서 하나님의 말씀 편에 서고 인권보다 신권을 택하는 순종이 올바른 믿음의 자세이다. 매사에 순종하는 폼이 잡히지 않고서는 믿음은 바르게 성장하지 못한다. 그건 제멋대로 자라는 나무와 흡사하다. 그런 나무가 무슨 소용이 있을까. 실컷 자라

보아야 땔감 역할 밖에 못 한다. 아브라함은 매사에 순종을 보였고 길을 잘못 들었을 때도 순종으로 즉각 제 길로 돌아왔다. 그의 믿음에 순종이라는 폼이 잡혀 있었기에 유턴이 가능한 일이다.

죽을 용기로 임하는 자세

미국 존스홉킨스대학교 교수 엘리엇 코언(Elliot A. Cohen)은 인류 역사에 가장 용기 있는 인물을 꼽는다. 남북전쟁을 승리로 이끈 미국 대통령 링컨, 1차 세계대전을 마무리한 프랑스 총리 클레망소, 2차 세계대전 승리의 주역 영국 총리 처칠, 이스라엘 독립전쟁을 지휘한 이스라엘 총리 벤구리온이 그들이다. 엘리엇 코언은 전시 지도자의 리더십을 탐구한 《최고사령부》(가산출판사, 2002)에서 이렇게 쓴다.

> "이들 각자가 자신의 주장을 굽히지 않고 계속 매진해 나갈 수 있었던 원동력은 용기였다. … 진정한 용기가 없다면 그 외의 모든 장점도 아무 소용이 없을 것이다."

용기는 전쟁에서만 아니라 믿음에서도 필수적이다. 믿음의 전당에 오른 아브라함, 모세, 다윗 등은 용기 있는 신앙인의 모델이다. 바울은 온갖 역경에서도 용기를 잃지 않았다(고후 11:23-27 참조). 용기의 출처는 하나님이시다. 사울은 하나님을 종이호랑이로 여기지만 다윗에게는 매사에 용기의 근원이 된다. 다윗은 어떤 순간에도 "하나님이 나를 지지하고 있다" "나를 지키신다"고 고백했다. 여호와에 대한 이런 믿음이 용기의 근원이다. 하나님이 용기의 근원이 된다는 것은 행복한 일이다.

아프리카 선교사 리빙스턴의 사후에 살펴본 그의 성경에는 "볼찌어다 내가 세상 끝날까지 너희와 항상 함께 있으리라"(마 28:20)는 구절에 밑줄이 그어져 있었다. 그 말씀은, 생명의 위험으로 가득 찬 아프리카에서 평생을 사역할 수 있는 용기가 되었다.

하나님으로부터 오는 용기는 난관을 극복하고 원수와 싸워 이기는 승리만이 아니다. 진정한 용기는 하나님을 위해, 믿음을 위해 자신을 희생하는 것이다. 자신의 행복을 포기할 수 있는 용기, 정말 미운 사람을 용서해 주는 용기, 나를 내려놓을 용기가 세상과는 결이 다른 용기의 개념이다.

일본인 기시미 이치로와 고가 후미타케가 쓴《미움 받을 용기》(인플루엔셜, 2014)는 오스트리아의 정신의학자 알프레드 아들러(Alfred Adler)의 개인심리학을 대화체로 쉽고 맛깔나게 정리했다. 책에서 저자는 "삶에는 인간관계에서 비롯된 고민들이 대부분이다. 따라서 행복해지기 위해서는 인간관계로부터 자유로워져야 한다. 모든 사람에게 좋은 사람이길 원하는 사람은 타인의 눈치를 볼 수밖에 없다"고 썼다. 그렇기 때문에 아들러는 타인에게 '미움 받을 용기'를 가져야만 비로소 자유로워지고 행복해진다고 강조한다.

책을 읽으면서 히브리서의 영웅들이야말로 '미움 받을 용기'를 지닌 사람들이라는 생각이 들었다. 이웃들과 좋은 관계를 맺기 위한 용기가 아니다. 다신교 사회에서 일신교, 유일신 여호와신앙을 믿고 전파하고 순종하기 위해서는 핍박을 받아야 하고 표적이 되어야 한다. 하나님과 신앙을 위해 미움을 받을 용기를 넘어서 죽을 용기를 가져야 했다. 실제로 히브리서 11장에는 당시 믿음을 지킨 사람들이 받은 고난을 기록하는데, "여자들은… 심한 고문을 받되"(35절), "어떤 이들은 조롱과"(36절), "돌로 치는 것과"(37절) 등이다. 그야말로 눈물 없이는 읽을 수 없는 가혹한 핍박의 역사이다. 히브리서 기자는 이들의 용기를 '세상이 감당하지 못하는 용기'라고 높인다(38절). 살려고 싸우는 사람은 죽을 각오로 싸우는 사람과는 상대가 되지 않는다. 향토방위군은 죽을 각오로 싸우고 용병은 돈을 벌 생각으로 싸운다. 그러니 용병이 향토방위군을 이길 수가 없다.

한국 교회에 이런 향토방위군들이 사라지고 있다. 너나 나나 믿음의 배짱들이 없는 것이다. 그래서 숫자적으로는 주류종교가 되었지만 머리카락 잘린 삼손처럼 조롱당하고 있다. 불굴의 용기와 함께 믿음의 자세를 바로 세우지 않는다면 믿음생활은 소꿉장난에 불과하다.

하늘의 상급을 위해 올인하는 자세

믿음의 전당에 등재된 성도들은 손해가 뻔하고 죽을 것을 알면서도 어떻게 순종하고 순교의 용기로 믿음의 순전함을 지켜낼 수 있었을까. 바로 이 구절이다.

믿음이 없이는 … 그가 자기를 찾는 자들에게 상 주시는 이심을 믿어야 할지니라 히 11:6

믿음의 성도들은 큰 상급을 보았기에 안락한 환경을 버리고 고향을 떠난다. 다신교를 버리고 유일신 여호와 하나님을 선택한다. 핍박과 따돌림을 전제한 선택이다. 어떻게 보면 바보이다. 하나밖에 없는 생명, 한 번밖에 오지 않는 생애, 모든 것을 포기한다. 하나님을 위해 모든 것, 목숨까지도 빼앗겼다. 그리고, 그렇게 죽어갔다.

그들이 바보였을까? 더 큰 상이 기다리고 있었기에 작은 것을 버렸고 70년 80년의 생애보다 영원한 영생을 알았기에 세상을 버렸다. 히브리서 전체를 통해 가장 강조되고 많이 나오는 단어가 "더욱", "더 나은", "더 좋은(better: 1:4; 6:9; 7:7, 19, 22; 8:6; 9:23; 10:34; 11:16, 35, 40; 12:24)", "온전하게", "완전한(perfect: 2:10; 5:9; 6:2; 7:11, 19, 28; 9:9, 11; 10:1, 14; 11:40; 12:2, 23)"이라는 단어들이다. 그들은 남들보다 멀리 보고 남이 보지 못하는 것들을 보았기에 바보가 아니라 믿음의 영웅이다.

우리에게도 상급에 대한 확신이 있지만 너무 세속적인 보상이다. 땅에 올인하는 보상이다. 믿음의 자세가 잘못되었기 때문이다. 그래서 오래 믿어도 욕심이 많고 재물에서 벗어나지 못한다. 믿음이 성장은 하는 것 같은데 성숙이 없는 것이다.

우리에게 세상이 전부라면 공평하지 못한 역사이다. 하나님의 보상과 심판이 있어야 역사도 공평하고 믿음의 길에서도 공평하다. 순교자와 가까스로 구원받은 십자가의 강도가 공평해서야 되겠는가. 평생 주일성수를 한 사람과 대충 믿은 사람이 천국에서 공평하다면 하나님은 공의로우신 분이 아니다. 십일조를 해온 신자와(읽기에 거북한 분도 있겠지만) 하나님에 대해 인색한 신자들이 천국에서 공평하다면, 이건 성경에서 말하는 공의의 하나님이 아니다.

구원은 은혜로 받지만 상급은 다르다. 천국은 상급이 있고 영화가 따로 있다. 상급은 세상에서 한 일에 대한 보상이요 영화는 성화에 대한 보상이다. 두 가지를 잘해야 한다. 세상에서 보상이 없어도 천국 보상이라는 기본기가 있으면 흔들리지 않는다. 천국 보상이라는 믿음의 개인기가 없으면 봉사도 없고 성화도 없다. 믿음의 끝에는 분명 보상이 있다. 상 주시는 분이 나를 기다리신다는 확신 가운데 믿음에 열심을 내야 한다. 이것이 하나님의 공의이다.

1956년, 미국 명문 휘튼대학교를 수석으로 졸업한 짐 엘리엇(P. J. Elliot)을 비롯한 다섯 명의 젊은이가 남미 에콰도르의 와오다니(아우카)족에게 복음 전파를 위해 들어갔다. 아우카족은 백인이 접촉해서 살아남은 사람이 없을 정도로 사나운 부족이다. 선교사들은 경비행기를 타고 아우카족이 사는 정글로 들어가 바구니에 성경책과 선물을 담아 내려주는 일을 반복했다. 시간이 지난 뒤 마을에 근접한 강가 모래톱에 비행기를 착륙시키지만 아우카족의 창에 찔려 살해당한다. 이들의 순교 실화를 만든 영화가 〈창끝〉이다.

이 끔찍한 비극으로 미국 전역이 들끓었다. 언론은 "이 무슨 낭

비인가(What a waist!)"라는 제목을 달며 비난했다. 전도유망한 엘리트들이 너무나 허망한 죽음을 당했다는 것이다. 엘리엇의 아내 엘리자벳은 이 기사를 쓴 기자에게 남편이 대학 시절 썼던 일기장을 보여 줬다. 수많은 그리스도인의 가슴을 격정적으로 만든 문장이 거기 있었다.

"영원한 것을 위해서 영원하지 못한 것을 버리는 사람을 어리석다고 하지 마라."

"주여! 이 쓸모없는 나뭇개비에 불을 붙여 주소서. 제 삶을 주의 영광을 위해 태워 주소서. 오래 살기를 원치 않습니다. 오직 주님만을 위해 풍성한 삶을 살게 하여 주옵소서."

이야기는 여기서 끝나지 않는다. 부인들이 남편의 뒤를 따라 아우카족에게 간다. 정글 생존훈련과 아우카족과 친해지는 방법을 터득한 뒤 마을로 들어가 정성껏 부족들을 섬겼다. 추장을 비롯한 아우카족들이 파란 눈동자의 여인들이 베풀어 준 헌신에 감동했다. 오랜 후에 부인들이 본국으로 떠날 때 추장이 "무엇 때문에 우리를 위해 이 고생을 하셨습니까?"라고 물었다. 엘리자벳의 대답이다. "남편들은 하나님을 알려 주기 위해 이곳에 왔습니다. 당신들이 죽여 뜻을 이루지 못했지요. 우리는 남편들이 그렇게도 당신들에게 해주고 싶었던 말을 들려주기 위해서 왔습니다. 그 말은 '예수님은 여러분을 사랑합니다'입니다."

선교사들을 창으로 찔렀던 다섯 명의 아우카족 원주민은 모두 예수님을 영접했다. 네 명은 목사, 한 명은 전도자가 됐다. 아우카족 전체가 복음을 받아들였다. 헌신과 열정, 사랑과 용서가 기적을 낳은 것이다. 살해된 다섯 선교사 가운데 한 명인 네이트 세인트의 아들이 스티브 세인트 선교사이다. 그 아들에게 세례를 베푼 사람이 아버지를 죽인 그 원주민이다. 스티브 세인트 선교사가 한국에 와서 간증하기도 했다. 천국 상급을 기대했기에 세상을 포기할 수 있었던 것이다.

믿음의 기본 자세를 이루는 순종, 용기, 보상에 대한 자세를 제대로 세워 천국의 믿음 장에 등재되어야 한다. 그 믿음의 폼이 구원받은 사람이 보여 줄 참 믿음이다. 믿음이 있다 하면서 보여 줄 것이 없다면 어찌 구원받은 믿음이라 할 것인가. 그냥 폼만 잡다 끝나는 것이다.

11. 믿음의 균형
: 믿음도 지정의의 균형이 필요하다

인간을 구성하고 있는 키워드는 지정의다. 지(知)는 지성을 말한다. 이는 얼마나 아는가, 곧 지능(IQ)이다. 정(情)은 희로애락에 따르는 감성(EQ)이다. 의(意)는 의지를 말하며, 행동과 결단으로 인한 도덕성 행동지수(MQ)이다. 지식은 존경을 받는다. 감성은 사랑을 받는다. 의지는 신뢰를 얻는다. 지식은 있는데 감성이 없으면 인간미가 없다. 감정은 풍부한데 지식이 없으면 광신, 맹신, 잘못된 열정에 휘둘린다. 지식은 있는데 의지력이 없으면 나쁜 습관을 버리지 못하고 오래 믿어도 철딱서니가 없다. 감정은 있는데 의지가 없으면 오락가락한다. 지식과 감성과 의지는 함께 가야 한다. 지정의가 균형을 이룰 때 그 사람의 인격, 가치가 나오는 것이다.

믿음에도 이런 지정의 요소가 균형을 이루어야 한다. 믿음의 대상이 되는 하나님은 삼위일체 하나님이시다. 성부는 완전한 하나님, 성자도 완전한 하나님, 성령도 완전한 하나님이시지만 삼위(三位)로서의 하나님은 사역에서 윈윈(win-win)하는 삼각편대를 유지한다. 하나님의 형상대로 지음받은 인간도(창 1:26-27) 당연히 믿음의 세 구성요소가 균형을 이루어야 한다.

신명기 6장은 유대인의 국민교육 대헌장이다. 하나님은 이스라엘 백성들에게도 지정의로 삼각형 구도의 균형을 이루는 신심을 요구하고 있다.

믿음의 지식: 하나님을 바르게 알라

신명기 6장에서 하나님은 먼저 "이스라엘아 들으라"(4절)라고 하시며 주의를 요한다. '들으라'는 '들어서 알라!'는 것이다. 다른 것에 마음을 넘겨 버린 사람은 들어도 깨닫지 못하고 말귀를 알아듣지 못한다. 오래 다녀도 듣는 귀가 없기에 알아들을 수 없으니 하나님을 체험하지 못한다. 육신에 속한 그리스도인에서 영에 속한 그리스도인(고전 3:1)의 자리로 한 발자국도 넘어가지 못한다.

모세는 유일한 여호와를 알라고 명한다. 이스라엘은 선민으로 누구보다도 여호와를 잘 아는 종교 백성이다. 그럼에도 왜 모세는 여호와를 알라고 말하는 것일까? 잘 아는 것 같은데 사실은 모르고 있다는 것이다. 평생 살아온 부부도 때로 서로를 알지 못한다. 한두 해를 살던 사람들이 헤어지는 것은 서로를 몰라서라고 말할 수 있다. 하지만 50년을 살았던 사람들이 황혼 이혼을 한다. 그동안 서로를 잘 몰랐던 것이다. 몰랐기에 사랑한다 말은 하면서도 상대방이 기대하는 행동을 보여 주지 못한 것이다.

이스라엘은 여호와를 안다고 자처했으나 유일성을 믿지 못했다. 여러 신 중의 큰 신, 주인공쯤 되는 신으로 알았다. 절대적인 하나님을 상대적인 신으로 만들었다. 그래서 홍해를 가르고 구름 기둥 불기둥 기적, 만나와 메추라기를 먹여 주신, 보고 싶은 쪽의 하나님으로 기울어졌다. 기도하면 들어주시고 부르짖으면 구원해 주시는, 거래하는 하나님만 원했다. 자판기 눌러 원하는 음료를 얻 듯이 하나님을 조종하고 이용했다. 하나님께 기도해서 안 되면 거 래가 안 되는 것이고 그러면 다른 신, 특히 가나안에 비가 오지 않 을 때 바알과 아세라 아스다롯에게 돌아서서 열정적으로 빈다. 반 복되는 우상숭배이다.

모세는 이스라엘의 왜곡된 신관을 알았기에 "똑바로 들어라!" "제대로 알아라!"라고 하면서 유일하신 하나님을 선포한다. 자기 백성을 고급화시키려 인격적인 관계, 계약을 맺으신 하나님. "나 는 너희 중에 행하여 너희의 하나님이 되고 너희는 내 백성이 될 것이니라"(레 26:12)는 말씀으로 군신(君臣) 관계를 만들어 찾아오시 는 하나님. 자신을 설명하시며 끝까지 사랑해서 이스라엘을 자기 백성으로 만들어 가시는 하나님. 그 인격적인 관계, 그것을 알라고 말하는 것이다. 그 관계를 알아야 제대로 하나님을 경배할 수 있 기 때문이다.

우리는 하나님을 바로 알고 있을까? 우리가 치중해서 아는 하 나님은, 창조자이다. 창조자 하나님은 생사화복을 주관하시고 기 도를 들어주시는 신령한 분이다. 이런 일부분의 하나님으로만 알 아 신령하신 '하늘님'에게 빈다. 사실은 하나님에게 비는 것이 아 니라 하나님을 조종하면서 요구한다. 이것은 하나님을 모르는 것이다. 하나님이 나를 택해 주시고 만들어 가시는 그 과정을 알아야 한다. 내 인생에 간섭하시며 나를 쳐 다듬어 가시고 항복시키시며 결국에는 하나님을 경배하는 존재로 만들어 가시는 그분의 사랑을 알아야 한다. 호세아는 이스라엘이 배도의 길로 나가는 것은 하나님을 제대로 알지 못하기 때문이라고 질책한다. 그러면서 여호와를 힘써 알라고 한다(호 6:2).

우리는 최고의 지성과 지혜가 되시는 하나님을 알아 가는 일에 더욱 힘써야 한다. 제대로 알고 믿을 때 참 믿음이다. 그래서 믿음에서도 "아는 것이 힘이다!"라는 말이 통한다. 우리 아버지가 되시는 하나님을 아는 것이 가장 강력한 힘인 것이다.

믿음의 감성: 하나님을 바로 알면 사랑할 수 있다

감성은 타인을 대하는 좋은 마음이다. 감성이 있어야 따뜻하고 정이 간다. 요즘은 성적, 실력 지상주의여서 자녀들까지 등급을 매긴다. 1등급은 공부 잘하는 놈, 2등급은 성격 좋은 놈, 3등급은 건강한 놈, 최하위 4등급은 지 애비 닮은 놈이란다. 주관적인 생각이긴 하지만, 키워 보니 부모에게는 성격이 좋고, 감성적인 아이가 좋다. 감성은 부드럽고 호감을 주는 친밀한 마음이다. 감성은 단순한 감정이 아니라 상대방을 제대로 알 때 나온다.

우리가 열렬히 하나님을 사랑하려면 생사화복을 주관하시는 하나님 정도로는 안 된다. 하나님은 광대하다, 우주를 만드시고 통치하신다, 이런 분이기만 하다면 마냥 사랑할 수 있을까? 너무 두려워서 그 앞에 서면 얼어 버리고 사랑이 나오지 않는다. 사랑은 친밀한 관계, 체험에서 나온다. '하나님은 유일하신 분이다'라는 정보만 갖고 마음을 다하고 뜻을 다하고 힘을 다하여 사랑할 수 없다. 천지를 지으신 저 '하늘님'을 내가 어떻게 전심으로 사랑할 수 있겠는가. 호세아는 사랑의 선지자이다. 하나님을 알라고 할 때는 하나님의 사랑을 알라는 것이다. 광대하신 분임에도 나와 관계를 맺어 주시고 관계를 통해 나를 사랑하시고 자비와 은혜를 베풀어주시고 대접해 주시고 간섭하시고 붙들어 일으켜 세워 주심으로 친밀한 관계가 형성되고 이를 체험할 때에 우리는 참 마음으로 하나님을 사랑할 수 있다.

하나님이 자기 백성에게 원하는 것은 감동도 없이 기계적인 예배와 봉사가 아니다. "마음을 다하고 뜻을 다하고 힘을 다하여 네 하나님 여호와를 사랑"(신 6:5)하는 것을 기대하신다. 이것이 믿음이다. 하나님을 제대로 알게 되면 제대로 사랑하게 된다. '하나님이 나를 백성 삼기 위해, 자녀 삼기 위해 얼마나 크게 희생하셨으며 아픔을 겪으셨는가'를 알 때, 나를 대하시는 하나님의 측은지심을 알게 될 때 진정으로 사랑하게 된다. 그 딱딱한 지성인으로 살았던 이어령 교수는 생전에 이런 말을 했다. "하나님도 인간이 너무 고통스러워하면 가엾게 여겨서 잠시 그 자비로운 손으로 만져 줄 때가 있다. 배 아플 때 어머니 손은 약손이라고 만져 주면 반짝 낫는 것 같지 않나. 그때 나는 신께 기도한다."

고통 중에 있을 때 자비로운 손으로 만져 주시는 어머니 같은

분, 그런 여호와의 긍휼을 아는 일이 중요하다. 그래야 고맙고 뜨거운 사랑이 나오기 때문이다. 사랑의 특징은 자꾸 주는 것이다. 주면서도 아까워하지 않는 것이다. 받으려고만 하지 않고 하나님께 드리고 또 드리면서도 아까워하지 않는 마음이 하나님께 대한 내 사랑이고 나를 대하는 하나님의 사랑이다.

이제는 고전이 되어 버린 드라마 〈사랑이 뭐길래〉의 작가 김수현에게 어느 인터뷰 기자가 물었다. "사랑이 무엇입니까?" 작가의 입에서 나온 사랑의 정의는 거창하지 않다. "사랑은, 아까워하지 않는 것입니다." 자식을 위해 시간을 바쳐도 아깝지 않고 돈을 써도 아깝지 않고 희생해도 아깝지 않은 마음이 사랑이라는 것이다. 아내에게 시간을 내주는 것이 아깝고 돈을 주는 것이 아까우면 그것은 사랑이 아니다. 진정한 사랑은 아끼지 말아야 하는 것이다.

하나님을 알면 모든 것이 아깝지 않다. 그분이 나를 얼마나 사랑하셨는가를 알기에 봉사가 나오고 헌금이 나온다. 하나님은 이렇게 뜨겁고 열정적인 사랑의 마음으로 섬길 것을 원하신다. 그렇게 하나님과 사랑의 관계를 맺는 것이 진짜 믿음이다.

믿음의 의지: 행동으로 사랑을 입증하라

모세가 유일하신 하나님을 알라고 말하는 것은, 상벌 주는 엄격한 신도 아니요, "너희 일이니 너희가 알아서 해라"라고 말하는 무심한 신도 아니다. 나를 사랑하시되 오랜 세월 나 때문에 상처받고 자존심이 상하고 그러면서도 나를 붙들어 주시고 자기 백성을 만들어 가시는 그 하나님을 알라는 것이다. 아는 것에서 끝내지 말고 사랑하라는 것이다. 그 사랑을 행동으로 보이라는 것이다.

하나님을 바르게 안다는 것은 지식, 즉 머리 문제이다. 하나님을 사랑하는 것은 마음의 문제이다. 머리에서 아는 하나님을 마음으로 사랑하게 될 때 그 사랑이 진정이라는 것을 알리는 증표가 의지이다. 하나님을 바르게 알고 있는 사람이 행동으로 반응하는 것, 하나님을 사랑한다고 찬양하고 고백하는 사람들이 행동으로 반응하는 것이 의지이다. 의지는 머리나 가슴의 문제가 아니라 도덕적 행동의 문제이다. 말로만 "당신을 잘 알아요" "사랑해요"라고 하는 것은 상대방을 무시하는 사기범들의 사랑이다.

하나님은 행동으로 보여 주는 믿음을 원하신다. 그래서 기독교의 하나님은 상당히 높은 수준의 윤리적인 신이다. 교인들은 하나님을 알수록 더욱 순결했고 거룩하고 깨끗해졌다. 거룩하신 하나님을 사랑하니까 거룩할 수밖에 없다. 하나님의 요구임을 알기에 죄된 것을 버리고 날마다 성품을 다듬어 가며 하나님이 원하시는 고급스러운 삶으로 나갈 수밖에 없는 것이다.

이에 비해, 가나안 종교에는 윤리가 없었다. 신에게 제물과 헌금을 드리고, 그래서 복이나 받고 소원이나 성취되면 거래 끝이다. 돈 넣고 돈 먹는 식의 거래가 종교의 이름으로 벌어진 것이다. 전심으로 사모하는 사랑 따위는 성립되지 않았다. 저급한 종교의 모습이다.

기독교 신앙도 행동이 따라 주지 않으면 고급스러우신 하나님을 저급한 이방신으로 전락시켜 버린다. 헌금이나 받아먹고 성전이나 크게 지으면 좋아하는 이런 신은 저급한 사람들의 경배 대상이다. 우리의 그릇된 행동으로 하나님을 그리 욕보이면 될까? 하나님은 당신처럼 우리도 고급스럽게 살아가기를 원하시며 성장하고 성숙하기를 원하신다. 그 과정에서 힘들고 어렵고 피터지게 세상과 죄와 싸우고, 그렇게 하기 위해 결단하고 결심하는 모습을 하나님은 기뻐하신다. 이것이 믿음이다. 이런 도덕적 결단과 행동이 없기에 하나님께 영광을 올리는 고급적 삶을 살지 못하고 오히려 하나님을 욕보이고 있다. 한국 교회가 명심해야 할 부분이다.

근대 심리학의 창시자로 일컬어지는 윌리엄 제임스의《종교적 경험의 다양성》(한길사, 1999)은 100년 전에 출판된 책이지만 종교학의 명저로 꾸준히 읽히고 있다. 역자 김재영 교수는 발문에서 신앙생활에서 지정의가 균형을 이루어야 한다는 윌리엄스의 말을 정리해 준다.

"종교적 경험의 기준에는 감정적 측면, 지적측면, 의지적 측면 모두가 있어야 한다. 그렇지 않을 경우에는 광신적이거나 형식적이며 지성 중심적 삶으로 나아가고 만다."

성경에서 가장 균형을 이룬 사람은 갈렙이다. 하나님은 갈렙에 대해 "나를 온전히 따랐은즉"(민 14:24)이라며 최고의 칭찬을 하신다. '온전히'는 '만족시키다'는 의미로 '하나님이 만족하실 정도로 넉넉히 순종했다'는 뜻이다. 갈렙은 주인을 졸졸 따라다니는 강아지처럼 어떤 상황에서도 일편단심으로 하나님께 순종하며 그분을 쫓았다. 그만큼 갈렙은 하나님에 대해 잘 알았고, 열정적이었으며 민심에 흔들리지 않는 의지가 강했던 인물이다. 그래서 하나님의 인정을 받았고 가나안 입성의 지도자라는 명예와 보상을 받은 것이다.

심리학 용어 중에 호손효과(Hawthorne effect)라는 말이 있다. 자신이 관찰되고 있다는 사실을 알 때 행동을 바꾸거나 작업 능률이 올라가는 현상을 말한다. 1924년부터 1927년까지 2년 반 동안 전화기케이블을 조립하는 호손공장에서 실험을 위해 매우 밝은 조명의 작업장과 어두운 조명의 작업장을 만들었다. 두 장소에서 근로자들이 작업한 결과 조명이 밝은 작업장에서 생산성과 사기가 증가했다. 이유는 무얼까? 밝은 작업장에서 작업한 근로자들은 하버드대학교의 저명한 학자들이 자신들의 공장에서 연구를 진행한다는 사실에 자부심을 가졌고 최선의 결과를 보여 주려 평소보다 더 열심히 일했던 것이다. 이처럼 개인이 내가 관찰되고 있다는 사실을 아는 것만으로도 행동을 바꾸어 생산성이 증가하는 현상을 호손공장에서 증명되었다 해서 호손효과라고 한다.

이제 내 믿음을 점검해 보아야 한다. 살아 있는 믿음, 큰 믿음, 상급을 받을 믿음인가, 아니면 조정민 목사의 말처럼 "교회 안의 반그리스도인"으로 살아가고 있지는 않은가. 스티븐 아터번과 잭 펠톤의 말처럼 "해로운 신앙"의 '해로운 신자'로 내 주변과 한국 교회에 해를 끼치며 기생하는 병충해 신자는 아닌가. 누군가 나를 보고 있다! 호손효과의 의식에서 항상 내 언행이 결정되어야 한다.

모세는 이렇게 균형이 잡힌 믿음으로 살면 제대로 된 하나님의 복을 받아 크게 번성할 것이라고 보증한다(신 6:3). 모세가 전해준 믿음의 키워드로 균형을 잡고 믿음의 땅에서 크게 번성하는 성공자들이 되어야 한다. 예수 그리스도를 믿을 때 이미 믿음의 성공인자가 들어왔다. 믿음의 성공인자는 지성과 감성과 의지라는 삼각 지지대(支持臺) 도움으로 성공열매를 수확할 수 있게 되어 있다. 주변 사람들이 내 믿음을 검색할 때 지식, 감성, 의지에서 모두 '좋아요'로 많이 검색되어 내 믿음이 진짜임을 증명해 보이며 살아야 한다. 그래야 한국 교회가 산다.

12. 믿음의 고백
: 나만의 신앙고백과 간증이 있는가

한국 교회 역사가 내년으로 140주년이다. 이쯤이면 신앙이 솟아오르거나 무르익을 때이지만 현실은 무르익음이 아니라 늙어가고 있다는 생각이 든다. 유럽 교회, 영국 교회는 쇠해 가고는 있으나 천 년 이상을 버티어 냈다. 그러다 21세기에 들어와 인본주의, 진화론, 세속화, 인권, 무신론주의가 워낙 강세가 되다 보니 견디지 못하고 시대에 굴복하고 있다. 《레미제라블》의 작가 빅토르 위고(Victor Hugo)도 "적의 침략은 저항할 수 있지만, 그 시대가 도래한 사상에는 저항할 수 없다"라고 말할 만큼 시대적인 사상은 너무 거칠어 종교도 타격을 받을 수밖에 없다.

로마제국 시대는 지금보다 더 심한 핍박이 있었지만 기독교는 살아서 오히려 로마를 기독교 국가로 만들어 냈다. 유럽 교회가 믿음이 무르익었다면 과연 시대를 이겨 내지 못했을까? 믿음이 늙으니 싸울 힘이 사라지고 믿음의 근력이 받쳐 주지 못하니 인본주의에 굴복당하고 있다. 사람도 같은 역사를 밟는다. 나이가 들면서 늙거나 익어 가는 사람이 있다. 늙어 가는 사람은 나이를 먹는 사람이고 익어 가는 사람은 지혜가 쌓이는 사람이다. 잘못 먹어서 탈이 나는 것이 어찌 음식이나 영화나 책이나 사상만 있을까. 나이도 잘못 먹으면 탈이 난다.

내 믿음이 늙어 가는 것은 두 가지가 없거나 약해졌을 때 나타난다. 신앙고백과 간증이다. 주님에 대한 절절한 신앙고백과 믿음으로 살아 내는 삶의 현장이 없으면 신앙심은 늙어 간다. 늙으면 무력해지고 세속화된다. 교회건 개인이건 세속화로 가면 끝난다. 유럽 교회가 세속화를 극복하지 못해 무너졌고 한국 교회도 유럽 교회를 따라가고 있다.

이슬람은 다르다. 교주 무함마드는 주후 570년에 출생했다. 그로부터 천 년, 이슬람이 시작되기 약 4세기 동안 중동과 북부아프리카는 95퍼센트가 교회를 출석하는 비잔틴 기독교제국이었으나 지금은 전역이 대부분 이슬람권이다. 현재 세계 인구는 약 80억 명, 지구상에 살고 있는 다섯 명 중 한 명은 무슬림이라 보면 된다. 현재까지는 기독교가 최대 종교이지만, 2070년 이슬람교도와 기독교인이 비슷해지고, 2100년 이슬람이 최대 종교가 된다는 예측을 미국의 조사기관 퓨리서치센터가 전망한 바 있다.

아랍 국가연맹은 22개국이고 소속된 인구는 3억5,678만5,231명(2015년)이다. 이들이 모두 무슬림이라 할 수는 없지만, 기독교는 갈수록 약화되고 이슬람은 강세가 되고 있는 것만은 사실이다. 왜 그럴까? 답은 간단하다. 미국 교회를 중심으로 기독교는 신앙고백과 간증이 갈수록 약화되고 번영신학으로 물들고 있다. '하나님을 이용해서 어떻게 하면 성공하고 번영할까?'에 관심이 쏠려 있다. 그러나 이슬람에게는 센 신앙고백과 능동적인 간증이 있다. 무슬림이라면 반드시 지켜야 하는 중요 의무 다섯 개를 오주(五柱)라 한다.

증언(고백): "나는 알라 이외에 신이 없음을 증언한다. 또 나는 무함마드가 알라의 사자임을 증명한다"를 입으로 암송한다. 어릴 때부터 죽을 때까지 하루에도 몇 번씩 고백한다.

예배(일정한 시각): 규정된 형식에 따라 1일 5회 일출, 정오, 하오, 일몰, 심야에 예배를 드린다. 금요일 정오에는 모스크에서 집단 예배를 하는데 반드시 메카 방향을 향해 절한다.

희사(천과天課): 일종의 헌금이다. 국가 재정의 근간을 이루며, 비이슬람 국가를 대상으로 선교 기반이 이루어지는 데 필요불가결한 무슬림의 의무 중 하나이다.

단식: 성년 무슬림은 매년 라마단 월간(月間 : 제9월) 주간(晝間)에 음식, 흡연, 향료, 성교를 금하고, 과격한 말을 삼가며 코란을 독송한다. 음식은 어두워진 야간에는 허용된다.

순례: 무슬림은 매년 하주의 달(이슬람력 제12월)에 카바 신전 부근 또는 메카 북동쪽 교외에서 열리는 대제(大祭)에 일생에 한 번 이상은 의무적으로 참가해야 한다.

무슬림은 이슬람법(샤리아)에 따르는 공통의 생활방식을 취한

다. 출생에서 사망까지 이슬람법에 따라 생활하도록 요구된다. 일
상생활에서 알라의 계시를 암송하고 믿는 바를 말로 표현하는 일
에 열심을 낸다. 이를 의무적으로 자식에게 전승한다. 이슬람 신앙
이 생활이요, 생활 자체가 종교이다. 그러니 신앙의 대가 끊길 염
려가 없다. 사실은, 기독교가 원래 그런 종교였다. 예수를 믿는다
는 것은 목숨을 거는 일이요 죽음을 불사한다. 그러면서 불멸의
간증을 만들어 냈다. 초대 교회 성도들, 지난 천 년의 유럽 성도들
은 두 가지가 분명했다. 고백과 간증이다.

주님에 대한 신앙고백이 있는가

불자의 목표는 성불(成佛)이요 그것을 위해 시주하고, 계율을 지
키고, 불도를 실천하고, 명상으로 정신을 통일하고, 깨달음을 완성
시키는 수행을 실천한다. 유교는 충효(忠孝)사상이다. 충효는 충성
과 효도를 아우르는 말로 왕을 성심으로 받들고 부모를 지성으로
모시는 덕목이다.

이 모든 것들은 교주와는 관계가 없다. 교주가 먼저 깨달은 진
리를 제자 신도들이 잘 지켜 수행하고 어느 수준에 오르면 해탈하
여 열반, 극락에 이른다는 가르침이다. 그래서 교주 인격에 대한
신앙고백이 필요 없다. 교주는 누구의 아들이요 이치를 먼저 깨달
은 사람일 뿐이다. 계율을 수행하는 것은 결국 내가 할 일이다. 교
주에 대한 신앙고백보다는 가르침에 대한 연구와 깨달음이 필요
할 뿐이다. 지난날의 불교는 수행을 출가 승려 중심으로 하니 가

정을 버리고 산속으로 들어간다. 그러니 시중에 영향력이 없고 불교신심의 대물림은 형식에 불과하다.

유교는 충효사상이 정치와 연결되면서 신분이 기득권이 되고 조상 제사는 대물림은 되는데 편의주의 시대에는 형식적인 겉치레인 경우가 많다. 이슬람은 강력한 유일신 종교를 표방하고 생활 종교를 만들어 냈지만 반강제적이다. 태어나면서 세뇌는 되지만 감동과 감격이 없다.

기독교는 다르다. 기독교에도 훌륭한 윤리와 도덕이 있다. 마태복음 5-7장의 산상보훈은 인도의 간디까지도 감탄했다. "무엇이든지 남에게 대접을 받고자 하는 대로 너희도 남을 대접하라"(마 7:12)는 예수님의 말씀은 윤리의 황금률이다. 얼마나 좋은 윤리요 교훈인가. 그러나 기독교의 중심은 예수님이 가르치신 교훈에 있지 않다. 그건 구원받은 하나님의 백성들이 지키고 살아야 할 생활윤리이지 그걸 배우고 지켜서 나 자신을 구원시키는 진리의 말씀이 아니다.

기독교는 예수님의 가르침이 아니라 예수님 자체를 믿는다. 예수님에 대한 신앙고백이 윤리 이전에 필요하다. 교회에 다니면서 착한 사람이 되고 반듯한 '바른생활표' 신자가 되었다 해도 예수님에 대한 신앙고백이 없으면 거듭난 그리스도인, 구원받은 그리스도인이 아니다. 구원받은 그리스도인이라면 분명한 신앙고백이 반드시 있어야 한다.

베드로의 신앙고백은 모든 성도에게 모범이다(마 16:15-16). 예수님이 베드로에게 물으셨다.

"너희는 나를 누구라 하느냐?"

그때 베드로가 말한다.

"주는 그리스도시요 살아 계신 하나님의 아들입니다."

베드로에게 주 예수는 누구신가? 그리스도이다! 그리스도는 헬라어이고 히브리어로는 메시아이다. 메시아는 '기름 부음을 받은 자'란 뜻으로 구약시대에는 제사장, 왕, 선지자 등 하나님께 구별된 일꾼들이 기름부음을 받았다. 베드로는 이 신앙고백으로 무엇을 인정한 것인가. "주님은 나의 선지자이십니다!" "주님은 나의 제사장이십니다!" "주님은 나의 왕이십니다!" "이런 삼중 직분이신 주님은 하나님이 보내신 나의 구세주이십니다!" 예수님에 대해 누구는 모세라 예레미야라 세례 요한이라 하는데, 베드로는 3중 직분의 구세주 자격을 갖춘 구세주로 고백한 것이다. 예수님도 자신을 소개할 때 그리스도라 밝힌 바 있다(요 4:26).

베드로는 이어서 "당신은 살아 계신 하나님의 아들입니다"라고 고백한다. 하나님의 아들이라면 사람이 아니라 하나님이시다. 하나님과 일체라는 신앙고백이다. 예수님은 베드로에게 100점 만점의 훌륭한 신앙고백이라 칭찬하시면서 이렇게 말씀하신다.

또 내가 네게 이르노니 너는 베드로라 내가 이 반석 위에 내 교회를 세우리니 음부의 권세가 이기지 못하리라 마 16:18

로마가톨릭교회와 개혁주의교회가 이 부분에서 입장이 달라진다. 로마가톨릭은 '베드로' 위에 교회를 세웠다고 한다. 베드로는 1대 교황이요 지금 프란체스코 교황을 266대 베드로 직통 후계자라고 한다. 개혁주의교회는 베드로 위에 교회 터를 세운 것이 아니라 베드로의 '신앙고백' 위에 교회를 세웠다 한다. 그러기에 개혁주의는 규모가 크고 반듯한 사람들로 채워진 교회라 해도 예수님을 구세주로, 하나님으로 고백하지 않으면 종교 기독교이지 복음적 기독교 교회는 아니다.

알베르트 슈바이처(Albert Schweitzer)는 의사, 사상가, 신학자, 음악가, 아프리카 가봉의 선교사로 인류애를 실천한 사람이다. 1952년 노벨평화상 수상 상금으로 나환자촌을 세웠다. 훌륭한 박애주의자로 존경받지만 아쉽게도 그에게는 예수에 대한 신앙고백이 없다. 그는 동정녀 탄생과 부활을 믿지 않았다. 십자가 속죄 사역을 인정하지 않았다. 단지 예수의 도덕과 윤리, 인류애만을 높이 샀다. 예수를 믿어 인류를 사랑하며 살면 그 정신이 남들에게 이어지고 그것이 부활이요 영생이라는 것이다. 지금도 자유주의 신학자들은 "예수처럼 하나님을 믿자"고 도덕을 말하고 개혁교회는 "예수님을 하나님으로 믿어야 한다"라고 고백신앙을 강조한다.

기독교가 예수님의 교훈만을 따르는 종교라면 가르침만 따라도 훌륭한 종교인이 될 수 있다. 그러나 기독교 신앙은 가르침이 아니라 예수님의 인격에 대한 신앙고백을 우선한다. 슈바이처는 좋은 의사와 예술가는 될 수 있어도 좋은 선교사는 아니다. 아픈 이들을 사랑한 미담(간증)은 있지만 예수님에 대한 신앙고백이 없기 때문에 내리는 신앙적 결론이다.

나는 어떤가? 진정한 신앙고백이 있나? 예수님이 나의 구세주이신가? 나를 위해 오셨고 나를 위해 죽으셨으며 부활하심으로 내 죄를 사해 주셨다는 고백이 있나?

"주님은 나의 구세주이십니다!" 베드로의 신앙고백이다.

"주님은 나의 하나님이십니다!"(요 20:28). 도마가 했던 신앙고백이다.

베드로와 도마의 두 신앙고백이 같이 있어야 진실한 믿음이요 구원을 얻는 참 믿음이다.

간증의 주어는 하나님이다

신앙고백은 믿음의 대상과 내용을 고백하는 것이다. 믿음의 대상은 하나님이다. 믿음의 내용은, '십자가와 부활의 예수님은 나의 구세주이십니다'이다. 이것이 신앙고백이다. 이에 비해 간증은 나에게 일어난 구원 사건, 신앙생활의 체험을 증거하는 것이다. 하나님이 내게 행하신 크고 소소한 일들을 증거해서 하나님을 알리는 것이 간증이다.

이슬람 신자들은 항상 "무함마드가 알라의 사자임을 증명한다"를 어릴 때부터 죽을 때까지 하루에도 몇 번씩 고백하며 간증한다. 그러면 세너가 된다.

기독교 신자들에게 간증은 나에게 일어난 하나님의 임재이다.

그 역사를 증거하면서 신앙고백이 자란다. 베드로에게는 신앙고백이 있었지만 성령받기 전까지는 간증이 따라주지 않았다. 예수님을 등에 업고 섬김을 받으려 했다. 제자들 역시 그랬다. 그러다 배교하고 배신하고 부인하고 도망친다. 십자가 앞에서 간증을 만들어 내지 못했다. 간증은 고백만 가지고는 안 된다. 고백이 지식이요 마음이라면 간증은 삶이다. 십자가의 삶이다. 십자가는 자기희생이요 포기요 죽음이다. 이게 없으니 간증이 나오지 않는다.

베드로는 신앙고백은 멋들어지게 잘했다. 이건 입술의 고백이다. 돈도 안 들고 자기희생이 요구되지도 않는다. 공짜로 구원받고 은혜로 하나님의 자녀가 된다니, 누군들 혹하지 않을까? 문제는 다음이다. 신앙고백을 했으면 구세주 예수 그리스도를 내 인생의 왕으로, 주인으로 섬겨야 한다. 내가 주인 노릇을 하려 해서는 안 된다. 하나님이 나의 주어(主語)가 되고 나는 그분의 동사가 되어야 한다. 동사(動詞)는 행하는 것이다. 하나님의 뜻을 행하고 실천하는 종의 자세이다. 내가 예수님에게 이래라 저래라 할 수 없다.

번영신학은 내가 주어이고 하나님이 동사이다. 내가 주인이고 하나님이 내 수단이라는 것이다. 하나님은 내 필요를 채워 주시는 분이라 여기기에 모든 선택권 결정권은 내게 있다. 내가 하나님을 위해 존재하는 것이 아니라 하나님이 나를 위해 존재해 주어야 한다고 여긴다. 그런 재미로 열심히 믿고 예배한다.

가나안의 우상 종교들이 이 모양이다. 이스라엘이 그냥 우상종교에 중독되지 않았다. 알고 보면, 우상은 나를 위해 존재한다. 내가 원하는 것을 우상이 몽땅 채워 준다. 우상이 나의 동사가 된다. 그만큼 유익이 있다. 이렇게 좋은 종교가 어디 있을까. 그래서 하나님에게 얻어터지면서도 번영신학 중독에서 벗어나지 못하는 것이다.

여호와 하나님은 수단이 아니라 목적이 되는 신분을 요구하신다. 하나님이 사람을 위해 있지 않고 사람이 하나님을 위해 있다 하신다. 선민이라도 이런 요구는 디메리트(demerit)다. 매력 없는 하나님이다. 그래서 내 마음대로 조종할 수 있는 가나안 종교로 간다.

한국 교회는 신앙고백은 아주 잘한다. 수고하지 않고 돈 들이지 않고 자기희생이 없기 때문이다. 이어지는 간증의 삶이 없다. 말로는 예수님이 나의 구세주라 하면서도 내가 주인이다. 내 감정이 주인이요 내 기분이 하나님을 대신한다. 내가 주인노릇을 해가며 종교심만 키우니 쇠고집이고 내놓을 간증이 없다. 간증이라고 해봐야 만날 예수 믿어서 돈 벌고 성공하고 출세하고 자녀들이 잘되었다는 이야기뿐이다. 그런 성공신화는 다른 종교에서도 쌓이고 쌓였다.

주님이 주어가 되고 내가 동사가 되어 일어났던 하나님의 역사, 그런 간증이 진짜 간증이다. 이런 간증을 만들어 낼 때 신앙고백도 함께 성장하고 인정받는 믿음이 된다. 성악가 박종호 장로, KBS 뉴스 앵커였던 신은경 권사가 우리 교회에서 했던 간증의 힘을 나는 아직도 잊지 못하고 있다. 신앙고백과 삶의 고백, 실천이 함께

들어 있어 감동을 주었다.

세상에는 두 개의 기독교가 존재한다. 구교와 신교의 구분이 아니다. 종교로써의 기독교와 여호와 하나님의 기독교이다. 종교로써의 기독교는 내가 하나님을 부리고 조종한다. 여호와 하나님의 기독교는 나는 주님의 종이요 일꾼임을 인정한다. 그분에게 신앙을 고백하고 나를 통해 하시는 일을 간증하며 산다. 그래서 "주여!" 할 때에 종교로써의 기독교는 "여봐라!" "주 봐라!" 하는 것이고, 여호와 하나님의 기독교는 "주인이시여"라고 고백하며 하나님에게 선택권을 드리며 산다. "신앙은 신이 우리가 원하는 것을 할 것이라는 믿음이 아니라, 신이 옳은 것을 할 것이라는 믿음이다." 맥스 루케이도(Max Lucado)의 말이다. 이런 생활의 하루하루가 간증이 되는 것이다.

한국 교회가 바른 신앙고백과 간증이 제대로 있을 때에 다음 세기에도 능력 있는 복음으로 세상을 변화시켜 가는 거룩한 여호와 종교가 된다. 우리가 세워 나가야 할 한국 교회는 이런 기독교이다. 신앙고백과 간증이 있는 믿음이 참 믿음이다. 이게 점점 희미해지고 있다.

13. 믿음의 능력
: 교회는 보험회사가 아니다

인류에게 주신 하나님의 선물, 성경은 개인이나 국가별로 선호 구절이 다르다. 한국 교회가 좋아하며 암송하는 구절 중 하나가 빌립보서 4장 13절이다.

내게 능력 주시는 자 안에서 내가 모든 것을 할 수 있느니라

80년대 경제성장과 맞물려 기도원에서도, 사업장에서도 요절처럼 암송하던 구절이다. 이 말씀이 일으킨 능력은 대단했다. 하지만 말씀 왜곡으로 한국 교회를 오염시키는 데 한몫하기도 했다. 자칫 신앙을 신념으로 만들고 내게 유익한 것만을 선(善)으로 둔갑시킨다. "할 수 있다"는 그 주체를 하나님에게서 내 믿음의 의지와 능력, 정신력으로 대체한다. 신앙을 마술처럼 여긴다. 이 구절은, 한국 교회를 숫자적으로 부흥시켰지만 질적으로는 변질시켰다. 번영신학의 두 얼굴이요, 양날의 칼이다.

이 좋은 말씀이 어떻게 해석됐기에 상반된 이중 얼굴을 만들어

버렸을까? 할 수 있다! 옥중에 있는 바울이 외치기에는 좀 민망한
선언이다. 큰일을 이루어 놓고 "내게 능력 주시는 자…"운운했다
면 더 당당해 보이고 존경이 간다. 죄수 신분에서 이런 말을 했으
니 이건 능력도 아니고 자기계발 강사의 억지처럼 들린다. 그러나
바울이 이 말을 왜 사용하고 있는지, 문맥의 앞뒤를 잘 살펴보면
'능력이 뭔지를 알고 있구나' '이 말을 할 자격이 있는 믿음이구나'
하는 것을 알게 된다.

마침내 깨닫게 되는 인생의 의문들

바울은 이방인의 사도(갈 2:8)로 부름을 받았다. 선민 이스라엘
이 독점한 여호와 하나님을 이방인에게 전하는 선교사의 직분은
얼마나 큰 그릇일까? 유대 석학 가말리엘에게서 배웠고 로마시민
에다 정통파 유대인이다. 그 하나만 해도 유대인이면 누구나 꿈꾸
는 로망이다. 이런 충분한 조건들은 얼마든지 "할 수 있다!" 선언
할 수 있는 자신감으로 무장된 사람이다.

하나님은 그런 바울을 덜컥 옥에 가두셨다. 도무지 이해할 수
없는 우울한 상황이다. 바울은 상황을 놓고 기도한다. 간절하게 기
도하다 능력을 얻었다. 하나님이 주시는 진짜 '능력'이 무엇인지
새삼 이해하게 됐다. 하나님의 능력이라는 것이 알고 보니, 보통
대단한 것이 아니다. 이런 능력을 얻으니 도무지 이해할 수 없는
상황들이 이해되기 시작했다.

'하나님이 나를 이곳으로 부르신 데에는 다른 섭리가 있었구나.'

기도하면서 자신이 처한 막막한 형편을 이해하기 시작했다. 그러자 평안이 왔다. 한참 일하고 싶은 열정에서 전도의 길이 막혔으나 생각을 정리해서 돌아보니 감옥도 곳곳이 전도 대상자들이다. 오히려 최고의 전도 장소이다. 배운 자 못 배운 자, 로마 시민 비 시민, 평민과 귀족, 사기꾼이든 억울하게 갇혔든 죄수들은 도움이 필요한 처지들이다. 그들에게 복음을 전했다. 시간이 충분하니 열심히 듣고 충분히 들으면서 회심자들이 나타났다. 그때 바울이 외친 것이다. "하나님의 능력이 내게 임하니 이제 내가 처한 상황이 이해가 된다! 하나님이 나를 왜 가두셨나 이해됨이 바로 능력이로다!"

살다 보면 이해할 수 없는 일이 많다. 착한 사람들이 안 되고 나쁜 사람들이 잘되고, 흥부네 집은 망하고 놀부네 집은 흥하고, 심술쟁이 팥쥐는 원님과 결혼하는데 착한 콩쥐는 사기꾼 만나 고생하는 상황에서 하나님이 계시다면 세상이 왜 이럴까 고민하며 탄식한다. 이는 선지자 예레미야의 의문(렘 12:1-4)이기도 했다. 교회 안에서도 이해할 수 없는 일들이 많다. 여러 곤경이 닥칠 때 우리는 묻는다. "하나님, 왜 이런 일이 나에게 일어나는 것입니까? 하필이면 왜 나입니까?"

아무리 이해하려고 해도 도무지 이해가 안 된다. 이해가 안 되기에 믿음은 떨어지고 삶은 시들어 간다. 믿음이 약하면 교회를 떠나고 술이나 마약 등의 엉뚱한 방향으로 갈등을 해소하려 한다. 참으로 힘든 때를 만난 것이다. 그만큼 삶은 도무지 이해가 되지 않는다.

이때 믿음의 힘은 바울처럼 기도하게 한다. 아무 때나 "모든 것을 할 수 있다"는 그릇된 가르침에 속지 말고, 이 상황이 내게 어떤 의미가 있는가, 하나님의 뜻을 이해할 수 있는 능력을 달라고 기도해야 한다. 이런 상황이 정녕 나의 성화를 돕는 일인지 기도하면서 그걸 묻고, 기도하고 또 기도하면 하나님이 이해케 하는 능력을 주시고 그제야 의문들이 조금씩 이해가 되는 날이 온다. 그것을 믿고 사는 것이 참된 믿음이다.

합창단의 악장인 아삽의 간증이 그런 것이다. 시편 73편에서 아삽은 하나님의 섭리를 해석하기가 힘들어 믿음도 흔들린다. 하나님을 믿어 봐야 별로 도움이 안 되더라, 착하게 살아 봐야 아무짝에도 쓸모가 없더라, 이런 말을 들으면 신앙이 바닥까지 내려간다. 그러던 그가 성전에서 "그들의 종말을 내가 깨달았나이다"(17절)라고 외친다. 성전은 기도하는 성소이다. 열심히 기도하고 또 기도했더니 하나님의 응답이 오고 선인이나 악인들의 결국을 알았기에 현실의 모든 수수께끼가 풀리고 일시에 이해가 되더라는 것이다. 하나님 입장에서의 이해의 능력, 이것이 바로 진정한 능력이요 믿음의 힘이다.

인간은 프로그램화되지 않은 존재이다. 앞길을 전혀 예측할 수 없고 이해할 수 없다. 그럴 때 낙심한다. 그러나 이해시키시는 하나님의 능력을 받는다면 나는 모든 현실을 이해할 수 있다. 이처럼 하나님의 섭리를 제대로 이해하는 능력이 큰 믿음이다. 그러면 부유한 상황에서도 타락하지 않고 가난한 처지에서도 꿋꿋이 견디는 능력을 얻게 된다. 이것이 믿음의 힘이다!

때로는 날아오르지 못하더라도

바울은 약골이기에 지하 감옥살이는 힘들었다. 로마에 오려고 무진 애를 썼지만, 정작 로마에서 복음을 전할 기회는 차단당했다. 빌립보교회는 분란이 일어났고, 제자 중 일부가 이탈하고 교회 안에는 가짜복음이 들어왔다. 이런 현실은 나이 든 사도가 감당하기에는 힘든 일이다. 바울은 너무 괴로워서 기도하던 중에 하나님의 능력을 얻었다. 옥문이 열리는 기적의 능력이 아니다. 옥중의 어려운 환경을 잘 감당하고 인내하게 하는 '견딤'의 능력이다. 그는 기도 중에 응답을 받고 밖의 상황은 하나님에게 맡기기로 마음을 굳혔다. 전도도 주님이 알아서 해주실 것이다. 그래서 그는 선포한다.

"내게 능력주시는 자 안에서 나는 무엇이나 감당할 수 있다!"

예수님이 감당의 힘을 주신 것이다. 할 수 있다는 능력의 힘은 무거운 바위를 들어 올릴 때도 사용해야 하지만 무거운 바위에 깔려 구조대가 올 때까지 참고 견디는 힘에도 적용된다. '주님이 곁에 계시기에 견디자, 나는 견디어 낼 수 있다, 주님이 크신 분이기에 임마누엘 주님과 함께하면 견디어 낼 수 있다!'고 마음먹을 수 있는 것도 능력의 믿음이다.

엘리야는 대단한 능력의 소유자였지만 이세벨의 핍박을 피해

도주하면서 죽여 달라고 떼를 쓴다. 그러는 순간에도 무명의 7천 명은 기적을 일으키는 힘은 없었으나 능력 주시는 자 안에서 어려운 현실을 견디어 내고 있다(왕상 19:18). 믿음으로 견디는 그게 믿음의 능력이다!

어느 미국 목사님이 부임하는 교회마다 적응을 못하고 그만뒀다. 교인들과 맞지 않아서, 교인이 싫어서, 교인들이 떠나 달라고 해서 사임하다 보니 어느새 나이가 들어 갔다. 모양새도 우스워졌다. 그래서 다음 교회에서는 견디는 연습을 했다. 교인들이 마음에 들지 않아도 견디고, 사임을 요구해도 견디었다. 지금은 대형교회 담임이다. 그가 대형교회의 담임이 된 비결을 말한다. "문제가 있을 때 떠나는 것은 비겁입니다. 견디는 것이 주님의 은혜요 능력입니다!"

목회 현장만 힘든 게 아니다. 인생은 그보다 더한 고통이다. 어깨에 날개가 돋아야 하는데 짐들이 얹어져 있을 때가 있다. 이럴 때는 어떤 신앙을 가져야 할까? "하나님이 능력을 주시면 나는 날아오를 수 있습니다! 짐을 다 벗어 버릴 수 있습니다! 나는 모든 일을 할 수 있습니다!" 물론 이런 고백도 믿음이다. 그러나 때로는 날아오르지 못해도, 짐을 다 벗어 버릴 수 없어도 십자가를 지고 견디신 그분이 견디게 하는 능력을 주신다면 나도 모든 것을 감당할 수 있고 견딜 수 있다 고백할 수 있는 것이 "할 수 있다!"의 믿음이다. 견디는 것이 힘이다. 능력이 없으면 못 견딘다. 못 견디어서 자녀들과 동반자살하고 사랑하던 부부가 헤어지고 인생을 포기한다. 살아 있는 믿음을 소유하고 있다면 하나님께 도움을 청해야 한다. "주님, 견딜 수 있는 힘을 주세요."

어떤 형편에서도 견디는 힘을 달라고 기도해야 한다. 이것이 신자들이 소유하고 살아야 할 믿음의 능력이라는 사실을 깨달을 수 있을 때까지 기도하고 또 기도해야 한다.

모든 것에 '족하다' 할 수 있는 믿음

빌립보 감옥에 갇힌 바울은 체력적으로도 힘들었지만 마음의 불편은 더 컸다. 그러나 하나님의 능력이 임하면서 현실을 이해하는 능력을 얻었다. 하나님이 자신을 왜 옥에 가두었는가를 이해하게 된다.

바울은 감옥살이라는 현실에서 최선을 다하기로 마음을 먹었다. 간수들에게 복음을 전하고 서신을 쓴다. 서신에는 힘이 실려 가는 곳마다 위로와 용기와 회심을 일으켰다. 복음은 옥에서 만난 사람들을 통해 로마 전역으로 전파되었다. 밖에서 활동한 것보다 갇힌 상황에서 엄청난 효과를 가져왔다. 감옥에 있지 않고 밖으로 나갔다면 살해나 암살을 면치 못했을 것이다. 복음 전파가 활발히 진행되지 않았을 것이다. 그 사실을 알게 되자 지금의 상황에 만족할 수 있다고 선언한다. "이 상태에도 나는 만족한다!" 이것이 자족하는 힘이다. 자족은 그 자체가 믿음의 힘이고 능력이다. 예수의 힘이다. 그래서 바울은 외친다. "내가 어떻게 되든, 누가 어떻게 되든 그리스도의 복음만 전파되면 이로써 내가 기뻐하고 기뻐한다! 자족한다! 나야 어찌되든 교회만 잘되고 평안하면 만족이다. 이것은 주님이 나에게 주신 자족의 능력이다."(빌 1:18 참조)

바울은 육신의 가시를 놓고도 세 차례나 기도한다(고후 12:7-10). 가시가 없어지고 문제가 해결되었다면 그것도 믿음의 능력이요 힘이다. 그러나 하나님이 두 번 무응답으로 침묵하다 세 번째 응답한다.

"그만 해라! 그만하면 족하다"

문제가 그대로다. 족하다고 말할 상황이 아니다. 가시 없이 사는 하나님에게야 족한 상황인지 몰라도 가시로 인해 육신의 통증, 자존심에 상처를 받아 온 바울에게는 족할 수 없는 것이다. 그래서 "하나님은 할 수 있습니다! 가시를 없앨 수 있습니다!" 철야 하면서 금식하면서 기도로 달라붙었을 것이다. '가시만 빠지면 나는 무엇이든지 할 수 있다! 당당히 간증하고 제대로 능력을 가르칠 것인데' 하고 아쉬워했을지도 모른다. 그런데 바울은 육신의 통증이 있는 그대로 족함의 은혜를 받았다. "그렇습니다, 하나님! 내 인생 이것만으로 족합니다! 내 사역 이것만으로 족합니다! 내 가시, 이것보다 더 큰 가시가 아닌 것만으로도 족합니다." 바울은 자족하는 믿음으로 그렇게 힘 있는 사람이 될 수 있었다.

"주여, 가시를 없애 주소서! 그러면 제가 세계적인 사역을 해내겠습니다." 이것만이 기도 능력이 아니다. 진정한 능력은 가시와 함께 견디며 자족하는 은혜이다. 우리는 불가능한 것을 목표로 삼아 밀어붙이면서 믿음이라 했다. 틀린 이야기는 아니지만 "이만하면 족하다!" 하는 은혜는 어떤 믿음보다 큰 믿음이요 능력이다.

50여 명이 모이는 교회의 예배실 전면에 "100개 교회 개척! 선교사 1,000명 파송! 1만 명 성도 출석!"이라는 현수막이 걸려 있다. 담임목사는 이런 목표 설정을 "할 수 있다!"는 믿음이라고 가르친다. 교인들에게 높은 목표를 주려는 선한 의도, 동기부여에는 충분히 수긍하면서도 이건 바울이 말하는 "할 수 있다!"의 믿음이 아니다. 이건 신념이고 세뇌이다. 교회가 목표 달성을 향해 매진하는 보험회사일까?

바울이 빌립보 감옥에서 써 내려간 말씀은 빌립보교회의 지원을 받고 감사와 함께 그들을 안심시키는 구절이다. 그가 개척했고 그의 도움과 사랑을 받은 교회들이 많았지만 옥에 있는 바울을 돌아보지 않았다. 빌립보교회만 도움을 주었다. 이에 대한 답신이 빌립보서이다. 빌립보서를 통해 바울이 하고자 하는 말은 이것이다. "감사합니다. 지원해 주신 것은 잘 받았습니다. 생각만 해줘도 고마운데 실천까지 해주니 너무 감사합니다. 그러나 나를 걱정하지 마십시오. 나는 주님이 능력을 주시기에 부유함에서도 타락하지 않고 고난에서도 믿음을 버리지 않습니다. 그러니 내 걱정보다 여러분이 하나가 되어야 합니다. 주님이 능력을 주시면 하나가 될 수 있습니다. 주님 안에서 능치 못할 일이 없습니다! 나를 보십시오! 나는 이곳에서도 만족합니다."

바울은 자신의 사도직을 미심쩍어 하는 고린도교회의 적대적인 비난과 시련에 굴복하지 않는 이유를 이렇게 말한다.

우리가 사방으로 우겨쌈을 당하여도 싸이지 아니하며 답답한 일
을 당하여도 낙심하지 아니하며 박해를 받아도 버린 바 되지 아니
하며 거꾸러뜨림을 당하여도 망하지 아니하고 우리가 항상 예수
의 죽음을 몸에 짊어짐은 예수의 생명이 또한 우리 몸에 나타나게
하려 함이라 고후 4:8-10

바울은, 자신의 강력한 믿음의 삶은 예수로부터 기인한 것이라
고 말한다. 그래서 옥중에서 찬송하고 감사할 수 있었다. 이것이
진정한 믿음의 능력이다. 세상을 바꾸는 것도 능력이라면 세상이
나를 변질시키지 못하게 하는 것도 능력이다. 그런 사람만이 감
히, 능력을 주시면 나는 '무엇이나 할 수 있고 견딜 수 있고 자족
할 수 있다!'고 외칠 수 있다. 믿음의 힘은 이런 것이다.

이런 믿음은 간과해 버리고 눈에 보이는 능력에만 연연하는 것
은 아닌가. 그런 데서 나오는 능력은 마모가 되어 버린 칼의 능력
이다. 마모된 칼에서 도대체 무슨 힘이 나올 것인가. 그건 솜방망
이가 아닌가. 나는 오늘도 솜방망이를 들고 "할 수 있다!" 외치는
돈키호테는 아닐는지….

14. 믿음의 가치
: 순금보다 귀한 믿음을 가졌으니

베드로전서는 로마의 박해가 제국 전역으로 번질 때 고난 중에 있는 성도들을 위로하여 믿음의 승리를 이루고 고난 너머의 영화로운 구원을 보게 할 목적으로 기록된 소망의 서신, 격려의 서신이다. 베드로는 박해 앞에서 믿음이 흔들리는 이들에게 믿음을 금에다 비한다.

너희 믿음의 확실함은 불로 연단하여도 없어질 금보다 더 귀하여… 벧전 1:7

금의 절대적 가치

믿음은 금처럼 어떤 것과도 비교할 수 없는 절대적 가치를 지닌다. 금은 구리와 함께 인류가 맨 처음 발견하고 사용한 원자번호 79번의 원소이다. 아름다운 색채와 희귀성, 불변성으로 문명의 발상 시작과 같이할 정도로 사랑을 받아 왔다. 금의 가치는 인류 역사의 시작과 더불어 화폐 가치의 기준이 되었다. 금은 자연 상태의 공기와 물속에서도 영구적으로 색상이나 성질이 변하지 않는다. 독성이 없어서 먹어도 부작용이 없다. 찬란한 금색 광택은 인간을 매료시킨다.

금은 매장량이 많지 않고 제련도 까다로워서 희귀성 때문에 더 절대적인 가치를 지닌다. 소금이나 식량도 화폐 역할을 했던 시절이 있다. 그러나 시대가 지남에 따라 변했다. 요즘에 소금이나 식량이 많다고 부자 소리 듣지 않는다. 소금과 쌀이 창고 하나 가득 있어도 금 몇 덩이 가치만 못하다. 금이 금화로 사용되면서 금의 확보는 곧 부(富)를 확보하는 것이 되었고, 인류는 더 많은 금을 얻기 위해 침략 전쟁을 벌이기도 했다. 값 싼 금속으로부터 인공적으로 금을 만들고자 연금술이 아랍 및 중세 유럽에서 유행했고 마르코 폴로(Marco Polo. 1254-1324)의 동방여행이나 콜럼버스의 신대륙 항해도 동방의 금을 구하려는 목적이 컸다. 금은 현대사회에서 최고의 돈이요 자본이다.

금은 부귀와 권력의 상징이다. 21세기의 권력은 총부리가 아니라 경제력에서 나온다. 미국이 왜 작은 나라 이스라엘에게 호의적일까? 유대인의 금, 즉 그들의 경제력 때문이다. 상당히 많은 액수의 정치자금이 유대인에게서 나오고 있는 것이다.

금은 신의 영광이나 형상에 대한 상징이다. 고대 이집트인들은 태양을 신으로 숭배하였으며, 금은 태양을 상징하는 것으로 귀히 여겼다. 아론과 이스라엘 백성들은 송아지상을 금으로 만들기도 했다(출 32:3-4). 금으로 만들수록 더 절대적 가치를 보인다.

또 금은 사후세계 장식용품으로 사용되었다. 왕의 무덤을 꾸미는 장식물로 사용한 것이다. 이것은 변하지 않는 불변성 때문이다. 신라시대 왕관은 지금도 그 아름다움을 간직한다. 왕관을 은, 철, 동으로 만들었다면 변색되고 부식되어 볼품없게 된다. 녹슬어 너덜너덜한데 무슨 가치가 있을까. 금으로 만들었기에 지금도 빛나는 아름다움을 그대로 간직하고 그만큼 가치가 있다.

믿음의 가치는 영혼 구원이다

금에 대해 알면 알수록 베드로가 믿음을 굳이 금에 비교한 이유를 알 것 같다. 금은 무엇과도 바꿀 수 없는 절대적 가치처럼 믿음 역시도 무엇과도 바꿀 수 없는 가치를 갖는다. 베드로는 믿음의 최종 목표는 영혼 구원(벧전 1:9)이라는 말로 믿음의 가치를 제대로 설명하고 있다.

우리가 왜 믿는가? 영혼 구원을 위함이다. 병원과 의사가 귀한 이유는 아픈 곳을 아프지 않게 해주고 죽을 육체를 살려 내기 때문이다. 정말 귀한 일이다. 통증을 치료해서 아프지 않게 하고 암을 고쳐 주고 장기 이식수술을 통해 생명을 연장할 수 있다니 돈이 아깝지 않다. 치료는 돈보다 더 가치 있는 일이기에 하는 말이다. 그러나 고쳐 준다고 다시 아프지 않을까? 살려 준다고 다시 죽지 않을까? 고쳐 주어도 다시 아프고 죽음까지는 해결해 주지 못한다. 그래도 병원의 목적, 의사들에게서 목표 달성을 기대하며 병원을 간다. 의사에게 불만이 있다고 병원에 가지 않는다면 어리석은 사람이다.

영혼 구원은 얼마나 귀한 가치일까? 인생 100년을 살기 위해서도 모든 것을 지불하는데 영생을 위한다고 생각해 보자. 그 영생 값이 얼마나 비쌀까. 영생을 위해 10억, 100억을 준다고 해도 돈이 아깝지 않다. 돈으로 영생을 살 수 있다면 돈을 얻기 위해 별 살인사건이 다 나올 것이다. 그런데 그 영생을 얻을 수 있는 것이 금이나 돈이 아니다. 오직 믿음이다. 그러니 세상의 금을 다 모은들 믿음의 가치만 할까. 금으로는 영생을, 구원을 살 수 없다. 그래서 베드로는 믿음을 금보다 귀한 것이라 말한다. 박해를 받아 생활 터전도 돈도 잃고 건강과 모든 이생의 것을 빼앗긴다 해도 믿음을 놓아 버리지 말라는 간절한 권면이다.

믿음의 가치는 영혼 구원으로 나타난다. 믿음은 그만큼 소중하고 귀하다. 그 믿음들이 교회 안에 금덩이처럼 보관되어 있다. 그러니 이런 저런 상황이나 시험으로 하나님을 떠나지 말고 교회를 떠나지 말아야 한다. 믿음이 소실되면 영혼 구원이라는 목표를 놓치기 때문이다. 금이 없다 한탄하지 말고 믿음이 없다고 한탄해야 한다. 금이 작다고 탄식하지 말고 믿음이 작음을 탄식해야 한다. 돈과 황금으로는 가지 못하지만 믿음만 있으면 영생을 얻고 천국 갈 수 있다. 그만큼 믿음은 황금보다 더 귀한 것이다.

제련받은 순금 믿음으로 나아오라

금은 어떤 제련 과정을 통과했느냐에 따라 금의 가치, 가격이 달라진다. 불순물이 전혀 섞이지 않은 순금을 24K(캐럿)라고 한다. 순금이 어떤 물건이 되려면 다른 금속과 합금을 해야 한다. 합금한 금에서 순금 함량이 75퍼센트 이하면 18K, 58.5퍼센트이면 14k, 커플링이나 주얼리를 만들 때는 순금이 비싸서 단가가 맞지 않기에 다른 금속을 합금한다.

처음부터 순금이 되는 것이 아니다. 흙 속에 묻혀 있기에 불순물들이 많다. 이걸 불에 넣고 반복적으로 녹이면서 불순물을 계속 제거하는데, 14번 제련하면 14캐럿이요, 18번 제련하면 18캐럿, 24번 제련하면 24K(캐럿)가 순금이다. 이런 제련 과정이 없으면 순금을 얻을 수 없다. 그래서 정금이 되려면 고난의 불을 두려워하지 않아야 한다. 이런 연유 때문에 베드로는 강한 믿음을 연단된 금으로 비유하고 있는 것이다.

베드로는 고난과 핍박을 두려워 말라고 한다. 고난은 불이다. '나'라는 금에 붙어 있는 찌꺼기를 태우고 없애는 불이다. 믿음생활을 시작했지만 버리지 못한 자아, 잘못된 습관, 죄성들이 많다. 그냥은 쉽게 벗겨지지 않는다. 성경공부, 학습, 세례, 예배, 기도 등을 통해 녹여 낼 관습들이 있는가 하면 불 같은 시련을 통과해야만 벗겨질 도금된 비은혜 비종교 요소들이 있다. 그걸 벗겨 내는 길이 시련, 연단이다. 질병을 통해 교만을 버린다. 경제적 고난을 통해 돈의 지배에서 벗어나는 순금 믿음이 된다. 그래서 욥은 "내가 가는 길을 그가 아시나니 그가 나를 단련하신 후에는 내가 순금 같이 되어 나오리라"(욥 23:10)는 고백을 한다.

하나님의 시련이 끝날 때에 용광로에서 연단 받은 금처럼 내가 깨끗하고 순결하게 될 것이라는 고백이다. 욥이 시련을 금 제련에 비유한 것은 불같은 시련으로 인격이 정금처럼 만들어 주시는 하나님을 기대하기 때문이다. 그래서 베드로도 "여러 가지 시험으로 … 근심하게 되지 않을 수 없으나 오히려 크게 기뻐하는도다"(벧전 1:6)라고, 시련을 기뻐할 것을 주문한다.

내 믿음이 정금 믿음이 되려면 연단받아야 한다. 어려움을 당할 때 배교하거나 원망하면 매는 매대로 맞고 유익이 없다. 시련과 연단을 통해 정금과 같은 믿음, 99.99퍼센트의 순금 믿음이 되어야 한다. 다니엘은 "많은 사람이 연단을 받아 스스로 정결하게 하며 희게"(단 12:10) 된다는 말을 남긴다.

베드로가 굳이 믿음을 금에 비유하는 이유가 이것이다. 당신은 몇 캐럿짜리 금신앙인가. 아직도 14캐럿도 되지 못한 세속화 신앙인가? 그렇다면 더 연단받아야 한다. 고난 뒤에 하나님이 주시는 활주로가 열려 있다는 것을 믿어야 한다. 고난은 성화의 순금신앙을 만들어 내는 길이다.

우리는 금보다 귀한 믿음을 소유한 자다

베드로전서 1장 3-9절에서는 영혼의 구원을 "산 소망" "쇠하지 아니하는 유업"이라고 말한다. 구원받은 자는 하나님의 능력으로 보호를 받고, 재림 때에 칭찬과 영광을 누리게 된다. 주님은 믿음을 지킨 사랑하는 성도들을 칭찬하신다. 이렇게 좋은 믿음이건만 무종교자들이 국민 절반이니 예수님을 믿는 우리는 얼마나 큰 축복일까?

근대 사회학의 거장이라 불리는 에밀 뒤르켐(Emile Durkheim)의 《자살: 사회학적 연구》(세창출판사, 2021)는 130여 년 전에 처음 발행된 책으로, 전문가들 사이에서는 고전의 반열에 오른다. 책에서 뒤르켐은 우리로서는 뜻밖의 사실을 밝힌다. 로마가톨릭교인보다 개신교인이, 기혼자보다 미혼자가, 지방보다는 대도시에서 자살률이 더 많다는 것이다. "개신교 교회는 다른 교회와 같은 정도의 결속력을 가지고 있지 못하기 때문에 결국 자살을 억제하는 동일한 영향력을 가지고 있지 못한 것이다."

부활의 예수 그리스도를 믿는 강력한 믿음을 소유하고 있음에도 왜 자살할까. 나름대로 이유가 있겠지만 아무래도 삶의 의미와 존재 가치를 상실했기에 스스로 삶을 포기하지 않았겠나 생각한다. 동기야 어떻든, 시련과 시험을 당했을 때 견디는 힘을 받지 못하기 때문이다. 금보다 귀한 믿음의 가치를 놓쳤기에 생명도 놓치는 것이 아닐까 싶다.

베드로는 "예수 그리스도를 죽은 자 가운데서 부활하게 하심으로 말미암아 우리를 거듭나게 하사 산 소망이 있게"(벤전 1:3)하시는 하나님을 찬양한다. 큰 금덩이보다 더 귀한 큰 믿음이 들어 있기 때문이다.

서울대학교 학생들이 설령 나쁜 일을 하고 졸업생들이 품행이 좋지 않다고 서울대학교가 나쁜 학교일까. 그 학교가 나쁘다고 자퇴할까. 그렇지 않다. 기독교 신앙도 그렇다. 교회 안의 누가 나쁜 행동을 하고 교회 지도자들이 그릇된 행동을 했다고 믿음을 버리는 것은 금을 버리는 일이요, 믿음으로 얻는 최고의 것을 버리는 어리석은 일이다.

세상에 100퍼센트 완전한 순도의 금은 없다. 최고치가 99.99이다. 정제된 금이 공기와 접촉하는 순간, 모든 금은 0.01퍼센트가 자동적으로 산화된다. 그래서 99.99퍼센트라는 숫자가 나온다. 이걸 9가 4개인 '포나인'(Four Nine)이라고 한다.

지구상에는 100퍼센트 순도를 가진 물질은 존재하지 않는다. 100퍼센트 완벽한 교인도 교회도 없다. 삼위일체 하나님만이 100퍼센트 완벽하신 분이다. 우리는 부족해도 우리 안에 들어 있는 믿음의 금이 너무도 귀하기에 불순물을 계속 제련하면서 하나님의 선물인 금과 같은 믿음으로 구원도 받고 힘도 얻고 보호도 받으면서 살아야 한다. 믿음을 더욱 키워 내고 큰 믿음으로 큰일을 감당하고 하늘 상급으로 가득 채우는 삶을 누적해야 한다. 그래서 금과 같은 믿음을 소유한 신앙인으로 살아가야 한다. 그래야 땅에서도 하늘을 살아가는 천국 성도들이라 할 수 있다.

15. 믿음의 종류
: 나는 어떤 믿음일까

성경은 믿음을 위한 책이고 믿음에 대해 말한다. 믿음의 종류도 하나가 아니다. 여기서 말하는 믿음은 질이 아니라 종류를 말한다. 믿음의 크기는 구원과는 관계없음을 먼저 강조해 둔다. 구원은 겨자씨만 한 믿음이 있어도 받는 것이기 때문이다. 그만큼 구원받는 믿음은 내 소관이 아니라 하나님이 공급해 주신 것이다. 주님에 대한 믿음과 생활에서 드러나 보이는 믿음에 대해 살펴보자.

믿음의 종류

주님에 대한 믿음을 네 가지로 분류해 볼 수 있다. 첫째는, 역사적 믿음이다. 지식적으로 기독교를 이해하는 믿음이다. 이건 신앙이라기보다는 '지식' 혹은 '종교학'으로 보는 게 옳다. 귀신들도 예수가 메시아임을 알아보았지만(막 3:11), 구세주로 믿지는 않았다(눅 4:34). 지금도 많은 사람이 역사적인 예수는 안다. 33년의 역사적 실재를 알고 이적, 교훈, 십자가와 부활 사건까지 알고 있다. 그러나 지식에 불과할 뿐 신앙에는 이르지 못한다. 이렇게 지식으로

만 기독교를 대하는 지적 믿음의 신앙인들이 교회에 널려 있다.

파스칼은 《팡세》에서 인간은 누구나 세 부류 중 하나에 속하며, 이에 따른 삶의 모습이 각기 다르게 나타난다고 했다.

"세상에는 다만 세 부류의 사람들이 있을 따름이다. 첫 번째는 신을 발견하여 섬기는 사람들, 두 번째는 신을 발견하지 못하고 그를 애써 구하는 사람들, 그리고 세 번째는 신을 발견하지 못할 뿐만 아니라 추구하려 하지도 않는 사람들이다. 첫 번째 사람들은 도리에 합당하고 행복하며, 세 번째 사람은 도리에 어긋나기 때문에 불행하며, 중간의 사람들은 도리에는 합당하지만 불행하다."

지적 믿음의 단계는 파스칼이 말하는 두 번째 사람으로, 교회는 출석하지만 구원을 받지 못한 사람, 혹은 받았다 해도 천국의 상급과 영화가 거의 없는 구원자들이다. 그래서 베드로도 '겨우' 받는 구원에 대해 말한다(벧전 4:18).

둘째는, 이적 중심의 믿음이다. 이 단계의 신자는 예수님의 속성과 속죄 사역에는 별로 관심이 없다. 교회를 다니는 목적을 오직 치유, 축복에 우선순위를 둔다. 기복주의 신앙이다. "예수 믿었으면 반드시 부자가 되라"는 주장도 위험하지만 기복주의 신앙이라고 모두 잘못된 것은 아니다. 기독교 신앙의 첫 단계는 대부분 기복에서 출발한다. 찬송가 1장을 부를 때마다 "만복의 근원 하나님"이라고 찬양한다. 만복의 '근원'은 만복의 원조요 시작이요 기

원이다. 만복은 숫자를 나타내는 1만 만(萬)이 아니라 '가득 찰' 만
(滿) 자를 쓴다. 온갖 복이 가득 찬 상태가 만복(萬福, 滿福)이다. 사
람이 살면서 100가지 복만 받아도 엄청난 복이다. 그런데 1만 개
의 복이라니…. 그래서 "나는 복 같은 것은 관심이 없다"는 분을
만나면 본인이 하는 말을 제대로 이해하고 저런 말을 하고 있나
생각하게 된다.

기독교 신앙은 기복을 전제로 한다. 그러나 기복주의는 경계한
다. 기복은 만복이 되시는 하나님에게 복된 삶을 구하지만 기복
주의는 하나님보다는 복을 우선시한다. 하나님을 대할 때 하나님
의 '얼굴'보다는 '손'에만 관심이 있다. 이는 하나님을 인격적인 존
재가 아니라 복을 받는 수단으로 대하는 것이다. 이런 사람들에게
믿음의 대상은 그리 중요하지 않다. 하나님 대신에 다른 신이나
종교가 복을 더 준다고 하면 미련 없이 종교를 옮겨 버린다. 이스
라엘 백성의 우상숭배는 기복을 극복하지 못함에서 나왔다.

우리가 믿음생활을 시작할 때는 기복도 필요하지만 이런 믿음
으로 끝까지 계속되는 것은 어리석은 일이다. 만복을 놓치고 눈에
보이는 복에만 연연하는 복없는 사람들이다. 어떤 이들은 이런 믿
음을 '진통제 믿음'이라고 한다. 아플 때만 예수님을 찾기에 하는
말이다. 기복신앙은 괜찮지만 기복주의 믿음으로 떨어져서는 안
된다.

셋째는, 일시적 믿음이다. 어떤 사람이 이웃이나 친구의 전도를
받고 종교심이 발동해서 교회에 나온다. 총동원 전도 주일에 참석

했다가 나름 감동을 받는다. 마음이 울적해서, 호기심에, 주변의 권유에서 나오지만 어려움이나 교회 밖에 재미가 생기면 중단한다. 신앙의 참맛을 맛보지 못했기 때문이다. 이에 대해 케빈 슈럼 (Kevin Shrum) 목사는 "교회에서 비난하지 않았는데도 사람들이 교회를 떠나가는 9가지 이유"라는 크리스천포스트 기고문에서 "그들은 하나님의 일에 대한 거룩한 식욕이 없다. 왜냐하면 세상에 대해 너무나 왕성한 식욕을 가지고 있기 때문"이라고 지적했다

예수님은 씨뿌리는 비유(마 13:1-23)에서 이런 사람을 돌밭에 뿌려진 씨앗으로 비유한다. 돌밭에 뿌려진 씨는 곧 싹이 나오지만 뿌리가 깊지 못해 얼마 자라지 못하고 말라 버린다. 일시적 믿음의 신자들이 그렇다. 말씀을 받고 기뻐하지만 구원의 말씀으로 받지 않기 때문에 뿌리가 없다. 그래서 집안에서 교회 다닌다고 책망을 듣든지, 교회 안에서 갈등이 생기면 기분이 나쁘다고 교회를 떠난다. 잠시 믿음을 가졌을 뿐이다.

요즘 교회마다 전도가 안 된다고 아우성이다. 이유 중 하나가, 교회 밖에 일시적 신앙자들이 많기 때문이다. 이들은 예배에 출석하면서 집사 직분까지도 받지만 일시적 신앙자이다. 일시적이라 해서 한두 달을 말하는 것이 아니다. 몇 년을 종교심으로 예배에 왔다 갔다 하는 분들도 있다. 다닌 햇수가 있으니까 교회에서도 직분을 준다. 일시적 믿음은 직분을 귀하게 여기지도 않고 교회 다니면 저절로 따라오는 '직급' 정도로 안다. 직분자로서의 '직무'에는 관심도 없다. 이렇게 몇 년을 다니다 교회 출석에 대한 피

로감에 빠지면 미련 없이 교회를 떠난다. 이런 분들이 주변에 많으니 전도가 될 수가 없다. 남들에게도 교회 가 봐야 별 것 없다고, 나도 몇 년이나 다니다 그만두었다 하면서 사람들의 구원 기회를 빼앗는다.

이상의 믿음들은 구원의 믿음으로 들어가는 단계에 불과하다. 여기서 믿음이 계속 앞으로 나가지 못하면 봉오리까지는 맺었지만 중간에 떨어진 과일처럼 믿음도 떨어지고 만다. 구원받는 참믿음이 아니기 때문이다. 그래서 베드로는 "…너희로 구원에 이르도록"(벧전 2:2) 믿음 성장과 꾸준한 정진을 촉구하고 있다.

마지막으로, 구원받는 참 믿음이 있다. 처음에는 호기심이나 인정으로 시작하지만 점차 바른 믿음으로 나아간다. 하나님과 그에 관한 모든 내용을 인정하고, 수용하며, 하나님이 제시하신 구원의 방법(예수님의 십자가 사건)에 동의한다. 현재와 사후까지도 맡기는 천국 믿음이 된다. 구원받은 믿음이기에 환난 중에서도 믿는 도리를 굳게 붙잡으며 놓지 않는다. 기독교가 박해와 위협에서도 건재할 수 있었던 것은 구원받은 믿음으로 무장된 진실된 신자들이 있었기 때문이다. 그들이 '우리'이다. 참 믿음을 주신 하나님께 감사할 뿐이다.

신학자 루이스 벌콥(Louis Berkhof)은 "구원적인 신앙이란 성령으로 말미암아 마음속에 일으켜진 복음의 진리에 대한 확신이며, 그리스도 안에서 행하신 하나님의 약속에 대한 성실한 신뢰이다"라고 했다. 구원의 믿음은 복음의 진리에 확신해야 한다. 십자가 사건이 내 죄의 문제를 해결한 사실에 동의해야 한다. 이런 확신과 동의가 없이 열심만 가지고 구원을 생각한다면 참 믿음이 아니다.

믿음의 크기와 구원의 관계

신자들 중에는 센 믿음 큰 믿음을 가져야 구원을 받는 것으로 착각하는 분들이 있다. "지금 시점에서 천국 갈 수 있겠느냐" 물으면 믿음이 작아서, 열심을 내지 못해서, 교회에 다닌 지 얼마 되지 않아서, 교회에 끼친 공헌도가 작아서 당장은 갈 수 없겠다며 민망해 한다. 겸손에서 나오는 말 같지만 이런 자세는 행위구원을 전제한다. 행위가 구원의 전제조건이라고 알고 있는 것이다. 이들에게는 내게서 출발하는 믿음의 크기가 구원의 조건이 된다. 그래서 '센' 믿음, '큰' 믿음이란 말이 나온다.

이런 식의 믿음은 기독교의 가르침에 역행한다. 기독교 신앙의 구원은 큰 믿음, 센 믿음으로 되는 것이 아니라 믿음 자체가 구원의 씨이다. 예수 그리스도를 구세주로 인정하는 믿음이 있으면 믿음이 크든 작든 구원을 받는다.

보험으로 예를 들 수 있다. 보험은 매월 불입한 보험료가 많든 작든 일단 사고가 나면 같은 금액을 받는다. 10년 보험료를 넣는 가입자나 지금 막 한 달 치를 넣고 사인을 한 고객이든 관계없이 동일한 보상을 받는다. 그동안 불입한 보험료의 누적은 중요하지 않다. 보험에 들었다는 가입 자체가 중요한 것이다.

믿음도 비슷하다. 예수 그리스도를 구세주로 인정하고 영접하는 믿음이 1초 전에라도 있었다면 그 순간에 죽어도 천국행이다. 그래서 10년 믿은 사람이나 1주일 믿은 사람이나 (불공평하게는 보여도) 단 1초를 믿었다 해도 동일한 믿음으로 천국에 가게 된다. 이것이 기독교 신앙의 위대함이자 믿음이라는 씨앗의 대단한 힘이다. 물론 그 믿음은 하나님의 선물에서 비롯된 믿음이어야 한다.

믿음의 분량이라면 이야기가 달라진다. 성경에 나오는 믿음들은 각자 분량이 다르다. 구원받는 믿음이 천국행에 필요한 것이라면 믿음의 분량은 생활에서 필요한 것이다. 믿음의 분량으로 육신에 속한 그리스도인(고전 3:3)이냐 영에 속한 그리스도인이냐(고전 3:1)가 판명된다.

강한 믿음과 약한 믿음

우선 강한 믿음이다. 강한 믿음은 세상을 이기는 믿음이다.

무릇 하나님께로부터 난 자마다 세상을 이기느니라 세상을 이기는 승리는 이것이니 우리의 믿음이니라 요일 5:4

여기서 말하는 '세상'은 하나님과 교회를 대적하는 인간적 욕망을 망라한다(요일 2:15-17). 세상과의 투쟁에서 승리의 삶을 살 수 있음은 세상을 이기신 그리스도의 이김에 기초하기 때문이다.

히브리서 11장에 나오는 인물들은 강한 믿음의 소유자들이다. 노아, 아브라함을 비롯한 족장들, 모세, 여호수아, 갈렙 등 유명인들만 강한 믿음이 아니라 기생 라합도 강한 믿음이다. 세상의 핍박에서 견디고 승리한 믿음의 챔피언들은 오히려 무명인들이 더 많다. 믿음이 강한 이들은 "믿음으로 나라들을 이기기도 하며 의를 행하기도 하며 약속을 받기도 하며 사자들의 입을 막기도 하며"(33절), "불의 세력을 멸하기도 하며 칼날을 피하기도 하며 연약한 가운데서 강하게 되기도 하며 전쟁에 용감하게 되어 이방 사람들의 진을 물리치기도 하며"(34절), "… 자기의 죽은 자들을 부활로 받아들이기도 하며… 더 좋은 부활을 얻고자 하여 심한 고문을 받되 구차히 풀려나기를 원하지 아니하였으며"(35절), "… 조롱과 채찍질뿐 아니라 결박과 옥에 갇히는 시련도 받았으며"(36절), "돌로 치는 것과 톱으로 켜는 것과 시험과 칼로 죽임을 당하고 양과 염소의 가죽을 입고 유리하여 궁핍과 환난과 학대를 받았"으며 (37절), 믿음을 지켜 내려고 "광야와 산과 동굴과 토굴에 유리"(38절) 하면서 살아갔다. 그래서 믿음의 전당에는 "이런 사람은 세상이 감당하지 못하느니라"(38절)고, 등재된 이유를 설명한다. 여기에 나오는 믿음의 면면들을 보면 인간의 의지로는 엄두도 내지 못할 강한 믿음들이다.

한국 교회에도 이런 강한 믿음들이 있다. 선교 초기에 믿음으로 살았던 분들이나 신사참배에 반대해서 투옥당하거나 순교한 분들, 공산주의 만행에서 목숨을 걸고 믿음을 지켰던 선진들이 세상을 이긴 믿음의 소유자들이다. 이렇게 강한 믿음이 있는가 하면 '연약한 믿음'도 있다.

믿음이 연약한 자를 너희가 받되 그의 의견을 비판하지 말라 어떤
사람은 모든 것을 먹을 만한 믿음이 있고 믿음이 연약한 자는 채소
만 먹느니라 롬 14:1-2

믿음이 연약한 자는 기독교 신앙 자체의 믿음이 나약함이 아니
라 처세에서 확신이 약하다는 뜻이다. 초대교회 시절에, 무엇을 먹
어야 하고 어떤 날을 예배일로 지켜야 하는지에 관한 율법 사항들
을 엄격하게 지켜야 한다고 주장했던 신자들은 그리스도 안에서
누려야 할 자유를 충분히 지각하지 못했다. 그래서 먹는 문제, 율
법 문제 등에서 결단을 내리지 못하고 눈치를 보면서 믿음생활을
했다.

지금도 그렇다. 기독교를 향한 공격과 비판을 온몸으로 막으며
싸우는 강한 믿음에 비하여 약한 믿음은 한국 교회에 대한 나쁜
뉴스라도 나오면 신자가 아닌 것처럼 숨어 버린다. 나약한 신자들
이다. 이런 믿음을 가리켜 바울은 연약한 믿음이라고 말한다.

큰 믿음과 작은 믿음

큰 믿음이 있고 작은 믿음도 있다. 강한 믿음이 큰 믿음이고 나
약한 믿음이 작은 믿음이겠지만 꼭 그런 구도로 설명할 수만은 없
다. 로마 군대의 백부장은 종의 병을 고치기 위해 예수님에게 바
짝 엎드렸다. 그는 이방인으로서 예수를 메시아로 계시한 구약적
배경을 거의 알지 못했음에도 어떤 유대인보다 예수의 인격과 본

질을 더 깊이 인식하고 있었다. 예수님이 만났던 유대인들 중 말씀만으로도 병이 낫겠다 고백한 사람은 없었다. 예수님은 "이스라엘 중 아무에게서도 이만한 믿음을 보지 못하였노라"(마 8:10) 칭찬하신다. 큰 믿음, 대단한 믿음이라고 칭찬하신 것이다.

가나안 여인도 큰 믿음이다. "여자여 네 믿음이 크도다 네 소원대로 되리라"(마 15:28). 이방 여인 신분으로 예수님의 능력을 끌어냈고 딸이 고침을 받았으니 보통 큰 믿음이 아니다. 크고 강한 믿음은 충만한 믿음이다. 누가는 바나바를 가리켜 "착한 사람이요 성령과 믿음이 충만한 사람이라"(행 11:24)고 소개한다. 믿음이 충만한 사람은 믿음으로 꽉 찬 사람이라는 것이다. 그러기에 언행에서 믿음이 흘러넘친다. 믿음의 말을 하고 믿음의 행동을 한다. 어느 것 하나 믿음이 아닌 말과 행동은 없는 사람이다. 한마디로, 성령 충만한 사람이다.

이에 비해 작은 믿음은 영향력이 없는 믿음이다. 믿음이 거짓도 아니고 위선도 아니다. 단지 믿음의 분량이 작을 뿐이다. 예수님은 거센 풍랑에서 구해 달라는 제자들에게 "어찌하여 무서워하느냐 믿음이 작은 자들아…"(마 8:26) 하신다. 의식주 문제에 연연하는 청중들에게는 "오늘 있다가 내일 아궁이에 던져지는 들풀도 하나님이 이렇게 입히시거든 하물며 너희일까보냐 믿음이 작은 자들아"(마 6:30) 하신다.

제자들은 믿음이 없는 것이 아니라 단지 믿음이 미흡했다. 상황을 제압하는 영향권이 작은 것이다. 예수님이 "하루에 일곱 번이라도 네게 죄를 짓고 일곱 번 네게 돌아와 내가 회개하노라 하거든 너는 용서하라"(눅 17:4)라며 무조건적인 용서를 가르치실 때 제자들은 "우리에게 믿음을 더하소서"(5절) 라며 믿음이 미흡함을 자백한다. 이미 주신 믿음에 믿음을 첨가해 달라는 것이었을까, 아니면 이적을 행할 수 있는 큰 능력 믿음을 더해 달라는 의미였을까.

바울도 데살로니가 신자들에게 "너희 믿음이 부족한 것을 보충하게"(살전 3:10) 하는 기도에 대해 말한다. 데살로니가 신자들은 환난 가운데서도 흔들리지 않는 견고한 믿음을 소유하였으나 교리에 대한 지식에는 부족한 점이 많았다. 이웃 교회의 모범이 될 만큼 열성적인 신앙을 보였지만 재림과 종말에 대한 올바른 인식이 결여되어 신앙생활에 많은 혼선과 어려움을 겪었다. 이들에게 바울은 교리적으로 작은 믿음을 보충하여 온전히 성숙한 큰 믿음으로 만들어 가라, 권하고 있는 것이다.

산 믿음과 죽은 믿음

살아 있는 믿음은 행동하는 믿음이다. 중풍병자 친구를 침상에 태우고 지붕을 뚫은 사람들, "예수께서 그들의 믿음을 보시고"(막 2:5) 병자를 치유해 주셨다. 남의 지붕을 무작정 뚫고 침상을 내린 것은 보통 배짱이 아니다. 알고 보니, 그것은 배짱이 아니라 주님에 대한 살아 있는 믿음의 행동이었다. 살아 있는 믿음은 행동하는 믿음이다. 그냥 과감한 행동이 아니라 주님이 행동의 원천이 되는 믿음이다.

살아 있는 믿음은 100퍼센트 하나님을 의지하고 골리앗에 맞장을 뜨던 다윗의 믿음으로 역사하는 힘이 크다. 이에 비해 행함이 없는 믿음은 죽은(약 2:26) 믿음이다. 이런 믿음들은 큰 시험을 만나면 갈기갈기 '파선된 믿음'이 되어 버린다(딤전 1:19).

우리의 믿음은 "영혼을 구원함에 이르"(히 10:39)게 하기에 보배로운 믿음이다(벧후 1:1). 그것은 사도들과 동등한 분량의 믿음이라는 의미이다. 우리도 강한 믿음, 큰 믿음, 산 믿음으로 산다면 하나님은 아브라함이나 노아와 같은 동등한 보배로운 믿음으로 받아주실 것이다. 그러면 믿음의 상급도 동등하게 받게 되지 않을까 기대하면서 내 믿음이 더 자라나기를 오늘도 기도하고 있다. 65년 차 내 믿음의 분량에서 아직도 보충하고 자라야 할 게 너무 많을 만큼 미흡하기 때문이다. 그만큼 믿음의 세계는 광활한 것이다.

16. 믿음의 단계
: 내 믿음은 몇 단계일까

인류의 역사가 예수 탄생 이전(Before Christ)과 이후(Anno Domini)로 나뉘고, 제자들의 생애는 부활 이전과 이후로 나뉜다면, 신자들에게는 '예수 믿기 전의 나'와 '예수 믿은 이후의 나'가 있다. 예수님을 믿기 전의 내 모습, 믿은 이후의 내 모습이 어떤가? 많이 달라졌나?

미국의 설교학자 스티븐 라슨(Steven J. Lawson)은, "예수님 때문에 당신의 삶이 변화되지 않았다면, 당신이 만났던 예수는 다른 예수이다"라는 도발적인 주장을 한다. 예수님을 만난 이후의 제자들의 생애를 보면 크게 세 단계로 나뉜다.

종교인 단계

제자들은 자기 선택으로 제자가 된 것이 아니다. 베드로와 그의 형제 안드레는 고기를 잡는데 예수님이 오셔서 "나를 따라오라"(마 4:19)고 부르셨다. 안드레와 요한은 세례 요한의 제자였다가 베드로를 부를 때 정식 제자가 된다. 마태는 세관에서 세금을 거두는

데 "나를 따르라"(마 9:9)는 부름에 제자가 된다.

예수님은 "자기가 원하는 자들을"(막 3:13) 부르셔서 열두 명 제자 그룹을 만드셨다. 제자들은 준비가 안 된 상태에서 제자가 된 것이다. 시험을 쳐서 합격하거나 자원해서 제자가 되었다면 믿음이 훨씬 빨리 성장했을까? 그러나 그들은 "나를 따르라!"고 하신 예수님의 영적인 권위와 호기심에 끌려 덥석 제자가 되었다. 그러니 뭐가 뭔지 모르고 3년을 헤맨다.

제자 생활 3년은 그냥 종교인이다. 열심히 따라다니면 내게도 뭐가 오지 않겠나, 그게 고기 잡는 것보다, 세관에서 온갖 욕을 먹어 가며 매국노로 살아가는 것보다 유리하지 않겠나, 이 정도의 종교심으로 따라붙었을 것이다. 이런 사람들의 특징은 열정이 없다. 그래서 상당히 소극적이고 적당하게 거리를 두고 제자 생활을 한다. 내놓을 고백과 간증거리가 없다. 예수님에 대해 말할 수 있는 것이 없다. 언제라도 뒤로 빠질 준비가 되어 있다. 그래서 어려운 일이 닥쳤을 때 모두 도망간다. 배움이 더디었던 것은 그만큼 적극성 결여이다.

제자들이 이 정도 수준에서 십자가와 부활이 없이 산상수훈의 가르침으로 기독교 교단을 만들었다고 가정해 보자. 원수를 사랑하라, 비판하지 말라, 오른뺨을 치거든 왼뺨도 돌려 대라…. 듣기에는 얼마나 좋을까? 법정 스님의 '무소유 정신'도 산상수훈에서 크게 영향을 받았다고 한다. 그래서 산상수훈의 글을 읽을 때 뛸 듯이 기뻐했다고 했다.

"나에게 진실과 소극적 저항의 가치를 깨우쳐 준 것은 신약성서다." [17]

만약 이것이 기독교의 중심이었다면 윤리종교, 도덕종교는 될 수 있어도 구원과 영생을 주는 진리의 종교는 될 수 없다. 기독교는 단순한 종교가 아니라 복된 소식, 복음이다. 선한 행동을 넘어 인류에게 구원을 주는 기독교가 되려면 종교적인 단계에 머물러서는 안 되는 것이다.

우리에게도 이런 1단계, 종교인으로서 믿음의 단계가 있다. 제자들의 1단계는 3년 세월이다. 오랜 세월이 걸리도록 예수님과 인격적 관계를 제대로 형성하지 못했다. 참 힘들게 3년을 보낸 것이다. 마치 신혼부터 별 감동이 없이 결혼이라는 굴레에 얽매여 사는 격이다.

우리 교회 신자들에게도 이런 기간이 있다. 사람은 선한데 성경도 교리도 모를 뿐 아니라 관심도 없다. 다니다 보니 세례도 받고 집사 직분도 받는다. 세례가 무엇인지, 왜 받아야 하는지, 세례 받은 이후 어떤 삶을 살아야 하는지 별 고민도 없이 그냥 '교회에 다니는 것'이다. 종교생활이다. 그래도 종교가 있으니 좀 착하게 살아야겠다 한다. 교회를 다녀야 가정이 평안하고 축복이 임하고 잘 되지 않겠나 하는 기대감이다.

믿음 초기에는 대부분 이렇게 시작한다. 대화가 되는 사람들끼리 종종 어울리기도 한다. 우리 교회에는 남녀 전도회 활동도 하고, 등산, 배드민턴, 스크린골프도 한다. 여기에서 주님을 만난 사람들은 2단계 믿음으로 나가지만, 단계가 오르지 않으면 십수 년을 특별한 목표도 없이 교회에 출입하는 소위 육신에 속한 그리스도인으로 신앙생활한다. 이 책도 1단계에 머물고 있는 신자들이 많다는 것을 알고 나서 서둘러 쓰게 된 것이다.

교리적 단계

3년이나 따라다니던 제자 생활이 끝날 무렵, 십자가에 달린 예수님을 보았다. 부활도 보았다. 열한 명 모두가 3일 동안에 벌어진 사건들을 본 것이다. 십자가에서 스승이 보여 준 모습, 부활하시므로 약속을 지키시는 신실성, 그렇다면 지금까지 스승에게서 가르침을 받아 왔던 모든 것이 진짜가 아니겠는가. 그들은 예수님이 십자가에서 희생하는 모습을 보았고, 부활하시는 황홀함을 보았고 그 사실을 믿었다. 믿음의 2단계로 올라선 것이다. 가룟 유다도 여기까지 왔다면 입맞춤으로 스승을 배신하는 비열한 제자가 되지는 않았을 것이다.

이렇게 올라서는 2단계는 지식적으로 십자가와 부활을 이해하는 단계이다. 십자가와 부활은 기독교의 핵심이다. 2단계에서는 단순히 주님의 죽으심과 부활을 '보았을' 뿐이고 종교적으로 감동했을 뿐이다. '스승님이 십자가에서 의연하게 죽으셨구나' '우리스승님은 대단한 분이구나' 정도의 마음이다. 주된 관심은 주님이 신 스승에게만 사로잡혀 있다. 이런 지식은 믿음을 확신시키는 데 는 충분하지만 그 믿음을 내 것으로 체험화, 경험화하지는 못한다. 지식적으로만 알고 있고 받아들였을 뿐이다.

2단계에서는 예수님이 하신 일을 모두 받아들인다. 십자가와 부활 신앙도 고백한다. 그러나 구원의 '고백'은 있어도 능력의 '간증'은 없다. 고백은 그분에 대해 일어난 일이고 간증은 내게 일어 난 일이다. 3일 동안 예수님에게 일어난 일에 대한 고백은 있는데 아직 자신에게는 아무 일도 일어나지 않았다. 성령 충만이 없다. 점잖은 종교인은 되었는데 간증이 없는 것이다.

우리도 같은 단계를 거친다. 지식적으로 기독교를 이해한다. 십 자가와 부활을 받아들인다. 믿음을 고백한다. 그러나 머리로는 이 해하고 받아들여 구원은 받았지만 심장이 뛰지 않는다. 그러니 헌 신이 없는 것이다.

일본 기독교인들 중에 이런 신자가 많다. 일본은 지성인들이 많 이 믿었다. 일본 기독교인들은 한번 믿으면 배교라는 것이 거의 없 다. 머리로는 분명히 믿어 종교를 신념의 고리에 묶어 두고 있으니 까 배교하지 않는다. 그러나 가슴이 없다. 뜨거운 가슴이 없는 것 이다. 머리 신앙은 자신의 믿음은 잘 지켜 나간다. 그렇지만 전도 를 하지 못한다. 가슴이 뜨겁지 않아서 그렇다. 자신에게는 믿음이 견고하지만 타인에게는 믿음의 영향력이 없다. 일본인들은 예의가 바르니까 서로 간에 예의를 지키느라 전도하지 못하는 것이다.

우리에게도 이런 2단계가 있다. 지식적으로 성경을 믿고 기독교 교리를 수용한다. 믿음이 쉽게 흔들리지 않는다. 십일조를 해야 한다는 것을, 주일성수를 해야 옳다는 것을 머리로는 안다. 지식적으로는 성경의 많은 내용을 안다. 그러나 아직까지는 그 중심에 예수가 있는 것이 아니라 '내'가 들어 있다. 머릿속에는 '예수'가 들어 있지만 가슴에는 '내'가 들어 있다.

누가 나를 주장할까? 가슴이 나를 주장한다. 거짓말을 하고 부정부패하는 사람들, 외도하는 사람들은 머리로는 이게 아닌데… 하면서도 가슴이 자꾸 그쪽으로 간다. 그래서 잘못을 저지르게 되는 것이다.

이처럼 머리로만 하는 신앙은 아직도 신앙의 주체가 '나'이다. 내가 내 인생의 주인이다. 내가 화가 나면 모든 것을 포기해 버린다. 자존심이 상하면 교회도 목사도 없고, 시쳇말로 다 때려치워 버린다. 내가 중요하고 내 감정과 기분이 중요하다. 주님이 나를 통치하는 단계까지는 가지 못한다. 어떻게 해야 할까? 3단계로 올라서야 한다.

성령 충만의 단계

제자들은 3일 동안에 제대로 예수님을 보았다. 나를 위해 죽으셨고 부활하셨다는 것, 그러나 그 사실은 주님에게 해당하는 것이다. 내게는 그다지 중요한 일이 아니다. 주님의 십자가를 생각할 때는 '얼마나 아프실까' '그때 우리는 왜 그런 비겁한 모습밖에 보

이지 못했을까' '부활은 굉장하셨어' '예수님은 굉장하신 분이야'
와 같은 팩트가 전부이다. 예수님의 십자가가 내게 어떤 의미가
있는지, 부활이 나와 무슨 상관이 있는지 제대로 정리가 되지 않
는다.

이는 2단계 신앙으로, 가슴에 불은 들어왔는데 불덩이가 되지
는 못한 상태이다. 예수님을 지식적으로 믿기에 깐깐한 사람은 그
냥 깐깐하고 여린 사람은 작은 일에도 상처를 받는다. 강한 사람
은 여전히 교회 안에서 행세하고 약한 사람은 여전히 연약한 신앙
생활을 한다.

사도행전 1장에서 예수님은 이런 제자들의 상태를 모두 아셨기
에 그들과 40일을 함께하셨다(3절). 40일 후에 하늘로 승천하시면
서 성령을 받기 전에는 "예루살렘을 떠나지 말"(4절)라고 당부하신
다. 그리고 마침내 사도행전 2장에서 제자들이 말씀대로 순종해서
마가의 다락방에 모여 기도할 때 약속하신 성령이 임하셨다. 제자
들이 성령으로 충만하니 어떤 현상이 나타났는가? 예수님의 십자
가는 바로 나를 위한 것이고 예수님의 부활도 나에게 일어난 사건
이라는 사실을 깨닫는다. 십자가와 부활에 대한 주님과 나와의 공
감대, 강력한 연대가 이루어진 것이다.

십자가는 단순히 예수님의 형틀이 아니라 내 죄를 위한 대속의
죽으심이었다. 누가 주님을 죽였나? 나의 죄가 주님을 십자가에
매달았다(36절). 주님은 나 때문에 죽으셨고 또한 나를 위해 죽으신
것이다. 그러기에 주님의 부활로 예수님이 하나님이시라는 사실

만 공표된 것이 아니라 내 죄가 없어지고 의인의 신분이 되었음을 자각하게 된다. 성령을 받으니 '아는 지식'이 내 안에서 '믿어지는 신앙'이 된다. 예수님이 영으로 내주하시면 내 성질이 죽고 자아가 죽고 나의 주도권이 죽어 버린다. 대신에 내 안에 예수님의 통치가 이루어진다. 주님이 비로소 온전한 내 삶의 주인이 된 것이다.

이제 제자들은 성격을 초월했고 환경을 넘어선다. 사람이 아니라 오직 하나님만을 두려워하는 사도들이 된다(행 4:19). 비겁했던 사람들이 펄펄 뛰고 날았다. 어눌한 자들이 복음을 증거함에 두려움 없이 선포했다. 그들은 성령의 사람, 성령 충만한 사도들이 되었다.

예수님의 죽음 이후 제자들이 3단계로 넘어가지 못했다면 기독교는 오늘처럼 세계화된 교회가 되지 못했을 것이다. 예루살렘의 작은 교단으로 끝났을 것이다. 성령에 사로잡히니 목숨도 물질도 아깝지 않았고 생애를 주님에게 몽땅 바친다고 하여 억울하지도 않았다. 죽었던 예수가 그들 마음속에 다시 살아나고 부활한 예수가 그들 마음으로 들어가자 저들은 미쳐 버렸다. 미친 사람들의 특징이 아픈 줄을 모르고 부끄러운 줄을 모른다. 지칠 줄도 모른다. 누가 뭐래도 히죽히죽 웃는다. 미치니 세상 행복하다. 그러면서 미친 줄조차 모른다. 엄청난 힘, 괴력을 사용한다. 미친 사람은 장정 서넛이 감당하지 못한다. 어린 시절, 동네에 미친 사람을 보면서 자랐기에 그런 상황이 잘 이해가 된다.

초대교회 신자들은 예수에게 미친 사람들이었다. 바울은 말한다. "내가 미쳤다고? 그래, 너희는 죄에 미쳤지만 우리는 거룩함에 빠졌다."(고후 5:13 참조) 그렇게 3단계 제자들은 미쳐서 펄펄 뛰고 달리는 삶을 살아간다. 내 안에 예수님이 사시는 것처럼 살았다. 기독교는 순식간에 지구의 절반으로 확장되어 간다. 성령 충만의 단계에 이른 사람들로 그렇게 된 것이다. 성령 충만한 그들 속에서 역사하시는 예수 그리스도가 세상을 정복해 나간 것이다.

내 목회 사역을 정리해 보면 우리 교회 개척 7년이 될 때까지는 교육 목회를 얌전하게 했다. 설교 준비가 힘들고 목회가 힘들었다. 그러다 7년이 될 때쯤에 가정에 큰 우환이 닥쳤다. 배고픔을 참아가며 죽기 살기로 20일을 금식했다. 그때 성도들의 130일 릴레이 금식기도는 내게 엄청난 힘을 안겨 주었다. 그때 목회적인 거듭남을 체험했다. 성령 충만을 받은 것이다. 말씀이 보이고 찬양이 살아나고 기도가 힘이 있게 되었다. 설교 준비가 즐겁고 목회가 재미있었다.

우리가 성령 충만 없이 교리적으로 이해하고 지식적으로 믿음 생활을 한다는 것은 바람이 빠진 자전거 바퀴, 자동차 바퀴로 운전하는 것과 같다. 쇠로 만든 바퀴의 달구지를 끌고 가는 것과 같다. 얼마나 힘들까? 성령을 받으면 타이어에 공기가 가득한 것처럼, 돛이 바람을 타고 나가는 것처럼, 좋은 엔진의 자동차로 달리는 것처럼 쉬우면서 신이 난다. 충만하면 비행기 엔진이 된다.

스위스 출생의 심리학자 폴 투르니에(Paul Tournier)는 결혼이 3단계의 주기를 거친다고 했다. 1단계는 밀월 단계로 일심동체의 기간이다. 밀월 단계에서도 부부싸움이 있지만 몇 년이 지나면 다툼이 잦아들면서 제2단계 현실 직면 단계로 접어든다. 좋아서 싸우지 않는 것이 아니라 싸워 보았자 실익이 없다는 것을 알게 되니 서로에 대해 관심이 식으면서 정서적 이혼 상태로 한 지붕 두 가족처럼 산다. 이런 기간이 계속되면 3단계 체념 단계로 나아간다. 이 체념 단계는 다양한 모습으로 나타난다. 첫째는 말 그대로 체념형이다. '다른 도리가 없지 않은가?' 하고 받아들이는 것이다. 둘째는 체면형이다. '남이 부끄러워서라도 살아야지' 하는 식이다. 셋째는 책임형이다. '자식을 위해 십자가를 져야지' 하고 생각한다.

이게 교회생활이면 참 불행한 일이다. 1단계는 종교적인 크리스천, 2단계는 지식적인 크리스천, 3단계는 영적인 크리스천이다. 1단계는 아예 구원을 받지 못한다. 2단계는 구원은 받지만 영향력이 없다. 3단계는 믿음의 영향권이 있다. 3단계의 신앙생활로 가야 한다. 고백에서 간증으로, 다시 간증에서 전도로, 그래서 사람을 낚는 제자의 삶을 살아야 한다. 그래야 행복하고 풍성한 그리스도인의 삶을 누릴 수 있다. 나의 믿음은 지금 어느 단계일까. 지금의 내 믿음 상태를 알아야 내가 소유하고 있는 믿음의 능력도 알게 되고 그걸 적절하게 사용하게 된다. 믿음을 적절하게 사용할 줄 알아야 비로소 참된 그리스도인이다.

17. 믿음의 점검
: 하나님 앞에 바르게 서 있는가

바울이 사역하던 고린도는 아가야 주도(主都)이며 항구도시이다. 그러다 보니 지중해의 안전한 항해를 기원하는 나라의 우상들이 총집결한 우상도시가 되었다. 번영할 때는 2만 명 이상 수용하는 야외극장과 그리스신화에 나오는 올림포스 12신 중 하나로 미와 사랑의 여신인 아프로디테(Aphrodite)를 모신 신전이 있었다. 신전에는 1천 명의 여사제들이 소속되어 방문객들과 성매매를 자행했다.

이런 분위기 때문에 고린도교회는 말도 많고 탈도 많았다. 신자들끼리 소송, 독신과 결혼에 대한 애매한 문제, 우상 제물을 먹는 문제, 성만찬의 의미와 임하는 자세, 성도의 죽음과 부활의 문제에 답변을 써서 보낸 서신이 고린도전서이다. 바울의 편지에도 불구하고 교회 상황은 나아지지 않았다. 그래서 직접 고린도를 방문하였고(2:1) 이후, 마게도냐로 찾아온 디도에게서 교회가 가르침을 잘 받아들였다는 말을 듣고 쓴 것이 후편인 고린도후서이다.

바울은 교인들에게 감사하면서 아직도 거짓 교사들의 선동에

경거망동하는 일부 성도들을 강하게 질책하고 자신의 사도권을
변호한다. 고린도후서는 바울의 자기 변호 및 약식 자서전에 해당
한다. 고린도 교인들은 유독 바울의 사도직을 의심했다. 자신들에
게 은사가 많이 나타났기에 말씀 중심의 사역을 하는 바울을 업신
여긴 것이다. 은사 중심의 신자들에게서 종종 나타나는 교만의 병
이다. 이에 대해 바울은 남을 의심하는 것에 앞서 믿음 안에 있는
가, 자신의 믿음을 점검해 보라고 한다.

너희는 믿음 안에 있는가 너희 자신을 시험하고 너희 자신을 확증
하라 예수 그리스도께서 너희 안에 계신 줄을 너희가 스스로 알지
못하느냐 그렇지 않으면 너희는 버림받은 자니라 고후 13:5

"확증하라"는 말은 일종의 믿음 테스트이다. 텔레비전을 조립할
때 마지막 공정 과정에서 하루 종일 브라운관을 망치로 두들기는
사람이 있다. 브라운관이 단단한지 테스트하는 것이다. 술맛, 과자
맛을 종일 테스트해 보는 전문가들도 있다. 재료가 정량대로 들어
갔는가, 맛이 정상적인가 확인해 보는 것이다.
바울의 권면은 '당신의 믿음이 성경적, 교리적으로 탄탄한가?'
'믿음대로 살고 있는가?' '최선을 다하는 믿음의 자세인가?'를 테
스트해 보라는 것이다. 몇 가지 항목을 만들어 본다.

테스트 1. 열렬한 믿음보다 진실한 믿음인가?

고린도교회는 뜨거운 교회였다. 그만큼 은사가 충만했고 열심이었다. 그러나 바울에게 책망을 가장 많이 들었던 교회가 된 것은 열심은 있는데 진실이 없었기 때문이다. 그래서 바울은 너희가 믿음 안에 있는 열심인가, 즉 진실한 믿음인가 테스트해 보라고 한 것이다.

한국인의 종교관은 열광적이다. 특히 한국 기독교인들의 열심은 세상이 알아준다. 주일예배로는 성에 차지 않아서 새벽기도, 수요기도회, 철야기도회, 구역(속회)모임을 만들어 열렬한 교회생활을 한다. 국교가 기독교이며 루터의 정신이 곳곳에 스며 있는 종교개혁의 본산 독일 교회는 다수의 신자들이 평생 세 번 교회에 출석한다. 세례 때, 결혼식 때, 장례식 때다. 이조차 내 의지가 아니다. 세례식은 부모에 의해, 결혼식은 신부에 의해, 장례식은 자식들에 의해 예배당에 가는 것이다.

이들에 비하면, 한국 교회 신자들의 열심은 특심이다. 문제는, 열심은 있는데 그 열심이 진실한가 하는 것이다. 열심은 부글부글 끓은 엔진에 비유된다. 그것은 추진력에 해당한다. 문제는 바른 방향으로 나아가는 것이다. 방향을 잘못 잡고 열심을 내면 잘못으로 나아가는 것도 열심을 내는 속도만큼 빠르다.

나의 신앙생활을 테스트해 보자. 하나님의 천지창조를 믿는 사람답게, 구원의 은총을 입은 사람답게, 하나님의 사랑을 받는 사람답게 뜨거움이 있나? 그러면 다음 단계로 넘어가서 그 열심에 진실함이 있나? 진실과 진리 앞에 마주 선 느낌으로 치열하게 살고 있는가? 믿음의 순도가 얼마나 순수한가? 이런 질문 앞에 서 보지만 그 뜨거운 열정에서 결여되는 진실들을 보면 마음이 아프다. 그 열심이 아까워서 아픈 것이다. 열심도 중요하지만 먼저 진실해야 한다. 열심히 하는 것도 좋지만 정직을 회복해야 한다. 그래야 세상이 정화된다.

김형석 교수는 인격의 핵심은 성실성이라고 했다. 정확한 지적이다. 믿음에 성실했는가. 그게 바울이 테스트해 보라는 믿음의 실상이 아니었을까.

테스트 2. 내 행위를 의지하는가, 하나님을 의지하는가?

한국인의 토양은 조선시대 유교를 기반으로 하기에 믿음도 상당히 윤리에 중심을 둔다. 교회에 나간다면 우선 착한 사람이라고 생각한다. 믿음도 도덕적 잣대로 재려 한다. 그러다 보니, 술과 담배를 하지 않으면 모범 청년이고 큰 믿음이라고 인정했다. 교회에서도 순하고 착한 사람이 좋은 믿음이 있는 신자다. 친구들과 술자리에 있는 한 장면 때문에 나쁜 신자로 치부된다.

과연 그럴까. 진정한 믿음은 행위도 당연히 중요하지만 하나님의 신뢰 여부가 더욱 중요하다. 선악은 상대적이다. 10촉 전구와 20촉 전구가 서로 밝다 우기지만 60촉 전구가 들어오면 그게 그것이다. 60촉의 밝기도 동천에 해가 떠오르면 어떻게 될까. 당연히 무색해진다.

무엇이 믿음일까? 내가 하나님 앞에서 의(義)를 자랑하고, 타인의 죄를 책망하고 다니는 것은 좋은 믿음이 아니다. 교회조차 선한 사람들만의 경연장이 되고 죄를 짓고 들어온 사람들이 비참해지는 곳이라면 믿음의 공동체가 아니라 유교식의 예배당이다.

세계적인 성중독증 치료자 마크 레이저(Mark Laaser) 박사는 어린 시절에 아버지에게 성희롱을 받았는데, 내력처럼 목회상담학 박사가 되었으면서 세 명의 내담자들을 성폭행했다. 한국의 정서라면 그는 사회적으로 끝장이다. 그런데 미국 교회 신자들은 그를 죄인이 아니라 환자로 보았다. 그는 병원에서 패트릭 칸스(Patrick. Carnes) 박사를 만나 치료를 시작했고 지금은 세계적인 성중독 치료의 권위자가 되었다. 죄가 문제이지만 하나님을 의지하는 것을 하나님은 더욱 귀하게 보신 것이다.

다윗은 윤리적 범죄를 행했다. 사울은 종교적인 범죄를 행했다. 누가 용서받았을까? 다윗이 용서받았다. 죄가 가벼워 용서받은 것이 아니라 그가 하나님을 의지했기 때문이다.

교회도 이런 수용성이 있어야 한다. 교회 안의 실수와 허물을 보면 내 의를 의지하는 자들은 "저럴 수가 있나?" 비난하지만 하나님께 의지하는 자들은 "저럴 수도 있구나!" 애통해 한다. 이것이 믿음이다. 믿음은 '내가 얼마나 선한 사람인가?' 보다 '내가 얼마나 하나님을 의지하는가?'에 달려 있다.

바리새인과 세리가 성전으로 나왔다. 바리새인은 자신의 의를 자랑했다. 세리는 얼굴도 들지 못했다. 그는 하나님을 의지했고 바리새인은 자신의 의를 의지했다. 예수님은 누구의 믿음을 더 칭찬 했는가(눅 18:9-14). 교회는 윤리교실, 도덕교실, 자기 의를 드러내 는 사람들의 경연장 차원을 넘어서야 한다. 술과 담배를 하지 않 는 것을 기준으로 삼는 믿음보다 '하나님을 의지하고 있나?'를 건 강한 믿음의 기준으로 삼아야 한다. 하나님을 의지하고 있는 믿음 이 주님이 칭찬하시는 참 믿음이기 때문이다.

테스트 3. 사람을 신경 쓰는가, 하나님을 신경 쓰는가?

소비자 성향조사회사 〈트렌드모니터〉의 보고서는, 조사 대상의 90퍼센트 이상이 타인에 대해 보통 이상의 관심도를 보이며 과반 수 이상이 주변 행동을 평가하는 것으로 나타났다. 72퍼센트가 평 판 관리에 대한 중요성을 인식하며 산다고 했다.

대한민국이 성형 공화국이 된 까닭은 외모 지향 시대이기 때문 이다. 외모는 남에게 보이기 위해 꾸미고, 마음은 자신만을 위한 공간으로 만든다. 남들에게 어떻게 보이느냐? 남들이 나에 대해 어떻게 생각하느냐? 이런 풍조가 교회 안에도 들어와 있다. 믿음 이 자꾸 인본주의로 나아가고 있다. 그러나 신앙생활은 하나님과 의 관계이다. '하나님이 나를 어떻게 보실까?'에서 도덕적인 힘이 존재한다.

아브라함은 하나님보다 이집트의 바로 왕을 의식했을 때 잘못 된 행동이 나왔고(창 12:10-15), 다윗은 하나님의 의중을 깊이 헤아 리지 못했기에 어처구니없는 일을 저질렀다(삼하 11장). 요셉은 항상 하나님을 의식했기에 죄의 환경에서도 자신을 지켜낼 수 있었다. 죄 된 상황에서 "내가 어찌 이 큰 악을 행하여 하나님께 죄를 지으리이까"(창 39:9)라고 거절하면서 죄에서 도망쳤다. 요셉의 도덕적 행위는 "하나님이 나를 보신다!"는 신전의식에서 나왔다. 이는 '하나님 앞에서'라는 라틴어 코람데오(Coram Deo)로 매 순간 하나님 앞에 서 있듯이 하나님의 영광 아래 살아가라는, 종교개혁의 슬로건이다.

우리가 참 믿음을 가진 그리스도인이라면 '사람들이 나를 어떻게 볼까?'를 염두에 두지 말아야 한다. 사람들의 말이나 여론에 너무 신경 쓰다 보면 믿음이 자라지 않는다. 사람들의 평가에 신경 쓰다 보면 하나님을 덜 의식하고 덜 의지하게 된다. 그 믿음은 인본주의로 빠질 수밖에 없다.

사울은 즉위 초창기에는 훌륭한 왕이었다. 인기를 얻게 되자 백성들의 평판에 연연하다 파국으로 치달았다. 평가는 사람마다 다르다. 세례 요한에 대해 백성들은 참 선지자(막 11:32)로 인정했지만 헤롯왕에게는 유흥을 돋우는 노리개에 불과했다(막 6:25-28). 북한의 김정은에 대해 미국과 맞서는 대단한 지도자라는 호평도 있지만 대부분은 핵으로 공갈하는 철부지라고 평한다.

인간적 평가는 이처럼 사람마다 다르다. 이런 평가에 너무 연연하지 말아야 한다. 사람들은 머리카락이 얼마나 많고 적은가에 관심이 있지만 하나님은 그 머리 안에 무엇이 들어 있는가에 관심을 두신다. 사람들은 외모에 관심이 있지만 하나님은 그 마음에 무엇이 들어 있는가에 관심이 있다. 신자들 역시 매사에 '하나님이 나를 어떻게 보실까?'를 신경 쓰는 자세로 나가야 한다. 그럴 때 인기에 연연하지 않고 하나님의 영광을 가로채려는 허튼 일도 하지 않게 된다.

좋은 평가는 무임승차로 오는 것이 아니다. 내 희생이 있어야 그만한 좋은 평가가 있다. 코로나 이후 교회 안에서 봉사가 사라지고 희생하지 않으려고 베드로처럼 멀찍이서(눅 22:54) 믿음을 유지하려고 한다. 이런 믿음은 하나님의 시선을 사로잡지 못한다. 이런 신자는 하나님의 눈과 마음에 합한 사람이 아니다. 우리가 그런 믿음의 사람은 아닌가, 점검해 보자. 믿음이 그만큼 자라야 한다. 가정에서 영상으로 드리는 예배에서 공동체가 함께 드리는 현장 예배로 회복되어야 한다. 예배 현장에 있어야 예배의 증언이 나오게 된다.

테스트 4. 환경에 끌려 다닐까, 환경을 이끌고 다닐까

환경은 항상 시험을 치르는 장소이다. 좋을 때가 있고 나쁠 때가 있다. 그때마다 내게 믿음이 있는가 살펴야 한다. 믿음은 환경을 이겨 내고 믿음이 없으면 환경에 굴복 당한다. 믿음은 신뢰이다. 누구를 신뢰하는가? 예수 그리스도는 우리와 함께하시는 임마누엘이다. 우리가 2천 년 전의 예수를 의지해도 구원은 받겠지만 환경을 이겨 낼 힘은 공급받지 못한다. 눈에 보이지만 그림의 떡처럼, 성경에나 있는 역사적 인물 예수로 믿고 있다면 그건 믿음이 아니라 종교이고 교훈일 뿐이다. 지금 살아 계신 예수 그리스도, 현장에 계시는 예수 그리스도의 임재를 느끼며 성령님과 연대하는 믿음이 되어야 한다.

바울은 우리 속에 그리스도가 없으면 버려진 자라 했다(고후 13:5). 버려진 자들은 평소에는 믿음이 있는 것 같지만 어려운 일이 있으면 믿음을 버리고 달아나기에 버림을 받는다. 그러나 믿음의 사람들은 환경보다는 환경을 주장하시는 하나님을 본다. 믿음이 없는 사람들은 환경 자체만 본다. 눈의 차이다. 환경을 보는가, 환경을 주장하시는 하나님을 보는가? 이것은 믿음이 있는가, 없는가 차이이다. 다윗은 골리앗과의 싸움에서 하나님만을 의지했다. 그러나 힘이 없는 목장주 나발과의 관계에서는 '내 안에 믿음이 있는가?' 시험하지 않았기에 감정적으로 일을 처리할 수밖에 없었다 (삼상 25:13).

우리 앞에 놓인 환경은 늘 생각을 불러온다. 좋은 생각이 나를 이끌고 가도록 훈련을 쌓아야 한다. 생각이 환경을 결정 짓는다. 암 투병에서도 희망과 용기를 주는 글을 전하다 57세로 세상을 떠난 서강대학교 장영희 교수도 생각의 중요성을 말한다.

"소금 3퍼센트가 바닷물을 썩지 않게 하듯이 우리 마음에 나쁜 생각이 있어도 3퍼센트의 좋은 생각이 우리의 삶을 지탱해 준다."[18]

---

18 장영희, 《살아온 기적 살아갈 기적》, 샘터사, 2019.

좋은 생각이 내 믿음을 좋은 믿음으로 지탱해 준다. 좋은 생각은 깊은 생각에서 나온다. 주님을 사모하는 깊은 생각 속에서 살아야 나쁜 생각들이 침투하지 못한다.

바울은 믿음을 경주로 비유한다. 잡은 줄로 생각하지 말고 푯대를 향하여 계속 달리는 믿음의 마라토너가 되라고 한다(빌 3:13-14). 그렇게 먼 길을 달리면서 순간순간 내 믿음을 시험해 보고 확증해 보라고 한다. 오래 다니고 오래 달린다고 전부가 아니다. 달리는 사람이 있는가 하면 공회전하는 사람이 있다. 시험에 드는 사람이 있는가 하면 시험에 들게 하는 사람이 있다. 끝까지 자기 페이스를 유지하는 선수가 있는가 하면 중간에 딴짓하다 문턱에서 우승을 빼앗기는 선수가 있다.

2023년 항저우 아시안게임 롤러스케이팅 남자 스피드 3천 미터 계주 결승에 나선 한국 팀이 다 잡았던 금메달을 내주고 말았다. 마지막 주자가 승리를 예감하고 결승선을 통과하기 직전 허리를 펴고 두 팔을 번쩍 들며 '금메달 세리머니'를 미리 한 게 화근이었다. 뒤에 있던 대만 선수가 왼발을 쭉 내밀며 0.01초 차로 대역전극을 만들어 냈다. 역전 우승을 이룬 대만 선수는 "상대가 축하하는 동안 여전히 내가 싸우고 있었다는 사실을 말해 주고 싶었다"고 말했다.

나는 믿음의 레이스에서 어떤 선수가 될 것인가. 벌써 우승을 자축하는 선수로 자만하고 있을까, 아직도 달리기 선상에 있다 생각하며 성심을 다하고 있을까? 내가 진정 믿음 안에 있는 것인가

날마다 점검하며 살아야 한다. 바른 믿음은 중간평가를 통해 수시로 증명하고 인증을 받아야 한다. 그래야 믿음으로 살아가는 하나님의 백성들이다.

18. 믿음의 귀감
: 누군가에게 귀감이 되어 주고 있는가

요한3서는 사도 요한이 가이오에게 쓴 편지이다. 학자들은 가이오를 장로 신분으로 본다. 나중에는 주교로, 버가모교회의 첫 감독이 되었다고 한다. 요한은 가이오에게 편지를 쓰면서 그에 대한 사랑의 친밀함과 신앙적 애정을 숨기지 않았다. "사랑하는 가이오 곧 내가 참으로 사랑하는 자"(1절), "사랑하는 자여"(2, 5, 11절)를 반복한다. 얼마나 가이오가 사랑스러웠으면 그 유명한 축복을 남긴다.

사랑하는 자여 네 영혼이 잘됨 같이 네가 범사에 잘되고 강건하기를 내가 간구하노라 2절

그야말로 축복 폭탄, 대박의 축원이다. 교회를 개척하고 40여년 목회하면서 누구를 "사랑하는 자여" 라고 부를 수 있을까. 우리교회 성도들이 아닐까. 이 글을 쓰면서 내내 사랑스런 가이오의얼굴들을 생각했다. 우리 성도님들은 모두 내게는 이래저래 고맙고 감사한 가이오들이다.

가이오는 누구이기에 요한에게 그리도 사랑의 대상, 고마움의
대상, 그리움의 대상, 그리고 모두에게 귀감의 대상으로 소개되고
있을까?

진리를 아는 장로

사도 요한은 항상 진리 중심으로 목회했다. 그러기에 성도들이
진리 안에서 행한다는 소식을 듣는 것을 가장 기뻐했다. 그런 요
한에게 사람들이 가이오를 방문하고 돌아와서는 바른 진리를 믿
으며 바르게 신앙생활을 잘하고 있더라는 말을 전한다. 가이오 자
신이 말한 것이 아니라 그를 만났던 남들이 말해 주었기에 더 확
실하다.

형제들이 와서 네게 있는 진리를 증언하되 네가 진리 안에서 행한
다 하니 내가 심히 기뻐하노라 3절
내가 내 자녀들이 진리 안에서 행한다 함을 듣는 것보다 더 기쁜
일이 없도다 4절

진리가 무엇일까? 빌라도가 고발된 예수님을 심문한다(요 18장).
"네가 왕이 아니냐?"
예수님이 답하신다.
"네 말과 같이 내가 왕이다. 내가 이를 위하여 태어났으며 이를
위하여 세상에 왔으니 곧 진리에 대하여 증언하려 함이다. 무릇

진리에 속한 자는 내 음성을 들을 것이다."

빌라도가 다시 반문한다.

"진리? 그게 무엇이냐?"

예수님은 대답하지 않으셨다. 빌라도는 진리에 대한 관심이 조금도 없는 사람이다. 그런 사람에게 진리를 전해 주어도 그건 돼지에게 궁중음식을 대접하는 일과 같다. 한글 사전에서 진리(眞理)는 '참된 이치' '참된 도리'이다. 도리는 사람으로서 마땅히 지녀야 할 자세이다. 학생의 도리, 남편, 아내의 도리는 일종의 책임감이다. 종교에서의 진리, 참된 이치는 도덕이고 윤리이고 사회봉사 등이겠지만 기독교 복음은 다르다. 예수님은 빌라도에게는 답하지 않았지만 제자들에게는 "내가 곧 길이요 진리요 생명이니"(요 14:6)라고 하시며 예수님 자신이 진리라고 선언하셨다. 진리는 '참' '진실'이라는 말로 거짓의 반대어이다. 천국 길을 모르면서 아는 것처럼, 영생을 모르면서 영생을 가르침은 진실된 종교인의 모습이 아니다.

예수님은 하늘에서 오신 분이다. 그러니 천국 길을 알고 어떤 곳인지 안다. 하나님을 알고 하나님의 구원 계획과 방법을 안다. 참이기에 예수님이 말씀하신 것은 바른 이치요 참된 도리이다. 그것이 진리이다.

또한 예수님은 하나님이시다. 하나님은 거짓이 없으시다. 우리와 같은 혈육에 속했지만 죄가 없는 분이다(히 4:15). 죄가 없으니 거짓을 말하실 수 없다. 그러니 참이다. 예수님이 '내가 진리다!'

하실 때는 '내가 참 하나님이다!'라는 의미다. 제자들이 아직은 말귀도 알아듣지 못하고 알아들을 영성도 없기에 에둘러서 말한 것이다.

가이오 장로는 예수님을 '참'으로 믿었다. 요한 사도가 요한복음을 통해 보여 주는 예수님의 본성을 믿은 것이다. 예수님의 가르침을 믿고 따르기 이전에 예수님 자신을 믿었다. 예수님은 참 하나님, 참 사람이라는 사도들의 가르침을 문자 그대로 믿은 것이다.

이것이 쉽지 않다. 당시 초대교회에 이단들이 등장해서 가현설을 퍼뜨렸다. 이들은 예수님의 인성, 육신체를 믿지 않았다. 어떻게 하나님이 물질인 육신을 입으실 수 있느냐는 것이다. 그들에게 물질은 악한 것이다. 가현설은 예수님의 육신을 허깨비, 유령으로 보았다. 피도 살도 없는 허깨비 유령, 이런 유령체가 십자가에서 죽었다고 주장했다. 그러면 어떤 결과가 생기는가? 예수님의 육신이 부정되기에 우리를 위해 죽으신 대속의 십자가는 의미가 없다. 피를 흘리지 않으셨기에 우리의 죄는 그대로 남아 있는 것이다. 신체적 부활도 부정된다.

이런 가르침이 초대교회에 먹혀들었다. 예수님의 거룩성을 강조하다 보니 인성을 부정하는 오류를 범한 것이다. 이렇게 되면 십자가 구속 사역이 전면 부정되고 구원 사역은 실패하게 된다. 이단 중에서도 이단이다. 율법주의를 가르치는 거짓 교사들도 나타났다. 그리스도 십자가 보혈로 인한 죄사함과 부활로 인한 칭의의 복음을 버리고 행위 구원이라는 인본주의 가르침을 전했다.

이런 이단적 흐름과 인본주의가 팽배해지던 중 요한도 이런 일로 염려하는데, 가이오를 만나고 온 사람들이 하는 말이 "그가 진리 안에서 행한다"는 것이다. 이단적인 가르침에 휘둘리지 않고 예수님이 참 하나님이요 참 사람이 되신다는 진리를 고수하고 있다는 것이다. 그 말을 들은 요한은 가이오의 영적 상태가 대단히 건강하고 양호하니 기쁘고 좋았다. 나그네를 대접하는 사역에 치우치거나 육신의 일이 잘되다 보면 영혼에 대해 소홀히 하는 경우가 있는데, 가이오의 영적 상태는 너무 든든해서 육신의 형통이나 강건함을 마음껏 기원해도 균형을 잘 잡아 주는 믿음이기에 안심이 되고 그만큼 기쁘다는 것이다.

부모는 자식이 성공하고 출세해서 명예와 비싼 선물을 주어도 사람의 참된 도리, 자식의 참된 도리, 형제의 도리를 행하는 것을 더 기뻐한다. 기독교인 부모는 아들딸이 어떤 도리보다 진리 안에서 예수님을 바로 믿으며 살아가면 기특하고, 자식이라도 고맙다.

어떤 성도들이 가장 기쁜가. 바른 이치, 바른 진리를 알고 바른 도리를 실천하며 사는 신자들이 목사에게는 큰 기쁨이고 큰 선물이다. 진리가 되시는 예수님에 대한 바른 믿음으로 굳게 살아가는 성도들보다 더 큰 기쁨이 내게 무엇이 있을까? 이것이 목회자들의 마음이다.

진리를 행하는 장로

가이오는 바른 믿음에 굳게 선 장로이다. 거짓교사들이 변질된 복음을 전했고 이단교리가 번졌지만 복음을 고수했다. 장로의 믿음은 여기에서 끝나지 않았다.

> 형제들이 와서 네게 있는 진리를 증언하되 네가 진리 안에서 행한다 하니 내가 심히 기뻐하노라 3절

가이오는 진리 안에서, 진리와 더불어 사랑을 표현하면서 살았다. 예수님에 대한 바른 믿음만이 아니라 그 진리를 행위로 드러냈다. 당시에 많은 신자가 있었다. 믿음을 수호했지만 모두에게서 예수의 인품, 삶이 나온 것은 아니다. 부활의 주님은 믿었지만 부활을 살지 못했다. 진리는 알았지만 진리로 살지 못했다. 행위를 믿음에 결부시키지 못했고(히 4:2), 행함이 없는 죽은 믿음(약 2:17)의 소유자들로 적당하게 사는 사람들이 부지기수였다.

영국의 저명한 생물학자 헨리 헉슬리(T. H. Huxley)는 "인생의 위대한 목표는 지식이 아니고 행동이다"라고 했다. 진리의 능력은 지식이 아니라 행함과 실천에서 나온다. 그러나 사람들은 머리만 키워 나가지 행위로 그 진리를 드러내지 않는다. 아는 것대로 살지 않는다는 것이다. 죽은 지식에 불과하다. 독방에서 죄수가 성경을 100독했다고 자랑했다. 성경을 많이 알고 외우지만 진리를 실천할 수 있는 기회가 없다. 독방이기 때문이다. 이에 비해 가이오는 진리를 행동으로 나타냈고, 삶으로 실천했다. 그것은 나그네들을 대접하는 일이다(5절). 형제와 나그네된 자들은 순회전도자, 핍

박을 받아 마을을 떠나 유랑하는 신자들이다. 또한 이방 나그네들이다. 형제와 나그네들에 대한 환대는 초대교회 신자들의 중요한 사역이요 덕목이었다(히 13:2).

가이오는 진리로 살기 위해 이들을 대접했다(롬 16:23). 꾸준하고 헌신적인 봉사였다. 사실 어려운 일이다. 왜냐하면 당시에는 이단들의 피해를 막으려는 요한의 경고로 나그네들을 경계하고 영접을 꺼리는 사람들도 있었다(요이 1:10-11). 그래서 나그네들을 대접하는 가이오의 신실한 환대 행위를 일부 지도자들은 냉대와 소외로 대했다. 디오드레베 같은 사람이다. 그는 실력도 지식도 믿음도 있었지만 나그네를 대접하지 않았다. 가이오와 같은 교회의 지도자로 매사에 으뜸이 되기만을 원했다. 그래서 요한이 데메드리오를 보내자 영향권이 줄어들까 봐 디오드레베는 대적을 일삼았다(12절). 요한이 이런 사실을 알았다.

… 그들 중에 으뜸되기를 좋아하는 디오드레베가 우리를 맞아들이지 아니하니… 그가 악한 말로 우리를 비방하고도 오히려 부족하여 형제들을 맞아들이지도 아니하고 맞아들이고자 하는 자를 금하여 교회에서 내쫓는도다 9-10절

같은 교회에 이런 사람이 있으니 가이오 장로도 대접하는 일이 눈치가 보였고 그만큼 힘들었을 것이다. 인간 본성으로 봉사하거나 으뜸이 되려는 마음으로 했다면 오래가지 못했을 것이다. 가이

오는 상급도 칭찬도 자랑도 어떤 반대급부도 기대하지 않았다. 진리가 그 안에 있었기 때문에 그 일을 한 것이다. 예수님을 사랑하는 마음, 따르는 심정이었기에 오랜 세월 꾸준하게 섬김의 사역을 말없이 감당했다. 그의 대접을 받고 온 사람들이 그 교회에 귀한 장로가 있더라고, 그 이름은 가이오 장로님이라고 하는 칭찬이 요한의 귀에까지 들어간 것이다. 그런 소문에 너무도 기쁘고 즐거워서 요한은 편지를 써서 그를 알아주었다.

한 젊은이가 강을 건너느라 늙은 뱃사공의 나룻배를 탔다. 뱃사공의 노에는 이름이 있다. 한쪽 노에는 '믿음', 다른 쪽에는 '행위'라는 이름이었다. 왜 그런 이름을 달아 두었느냐고 물으니 뱃사공이 답했다.

"한쪽 노만 저으면 나룻배가 나아가겠소? 좌우에서 저어야 앞으로 나갈 수 있소! 젊은이의 믿음도 행위가 따라야 바르게 성장하는 법이라오."

자동차 정기점검에서 틀어진 타이어의 정렬 상태를 바로잡는 것을 휠 얼라인먼트(wheel alignment. 차축 정렬)라 부른다. 이는 균형의 회복이다. 믿음에도 균형은 필수적이다. 믿음이 없는 선한 행동은 단지 인권운동가요 사회사업가의 영역이다. 진리가 없는 것이다. 행동이 없는 믿음은 종교 놀이 말쟁이에 불과하다. 진리 안에서 행함이 없다면 그 믿음을 인정받을 수 있을까? 머리만 굵어지고 지식만 쌓으면서 비판의식만 늘어나는 신자들은 설교자들을 맥 빠지게 한다.

'석봉 토스트'의 김석봉 사장의 학벌은 중졸인 것으로 유명하다. 그는 대학을 졸업한 유치원 교사와 결혼하고 200만 원 자본으로 토스트 사업에 뛰어들었다. 노점상을 시작한 지 3년 만에 그는 연간 매출 1억 원을 달성하면서 성장을 거듭한다. 전국 가맹점만 820개(2022년 8월 기준), 홈플러스 등 대형할인점에도 입점하고 외국에도 가맹점이 있다고 한다. 그야말로 기적의 인생이요, 하나님의 은혜이다.

김석봉 사장은 바르게 살고 바르게 사업을 한다. 경영 목표 중 하나가 '정직하고 겸손하며 지혜를 구하며 행하는 기업'이다. 노점상에도 원칙이 있다. 첫째, 첫 손님에게 판 수익은 무조건 선교 예물로 드린다! 손님이 여러 명일 때도 마찬가지이다. 무조건 첫 날 첫 수익금은 별도로 모았다가 극동방송에 전파선교기금으로 보냈다. 둘째, 하루 수익의 십일조를 어려운 이웃을 돕는 데 사용한다! 이 돈으로는 고아원, 독거노인, 노숙인 등 불우이웃을 돕는다. 셋째, 장사는 오전까지만 한다! 오후는 주변의 다른 상인들이 돈을 벌 수 있게 하자는 것이다. 넷째, 단속반이 와서 자리를 빼라면 무조건 뺀다! 그러면서 단속반과 친하게 지냈다.[19] 김석봉 장로의 돈에 관한 원칙, 이웃들에 대한 배려의 원칙, 준법정신에 대한 원칙이 진리 안에서 행하는 생활 신앙이다.

누가 우리 교회 장로님을 칭찬한다면 얼마나 기쁠까? "하나님

---

19 김석봉, 《석봉 토스트, 연봉 1억의 신화》, 넥서스, 2004.

을 잘 믿어 부자가 되었다"는 내용의 간증도 좋지만, 진리 안에서
살아가는 생활 실천의 내용에서 은혜가 되는 간증이면 좋겠다. 그
런 장로님들과 함께 동역하는 목사는 참 기쁘고 목회가 보람이 있
을 것이다.

　우리는 바른 진리와 진리 안에서 바른 행함이 있는 균형 잡힌
그리스도인으로 살아야 한다. 믿음은 있는데 행함이 없고 행동은
있는데 진리에 서지 못하는 반쪽 믿음은 아닌지, 자신을 살펴보아
야 한다. 가이오는 한 교회의 귀감이 되는 장로이다. '귀감'에 대해
국어대사전은 '거울로 삼아 본받을 만한 모범'이라 설명한다. 우리
교회에서 믿음의 귀감이 되는 사람은 누구일까? 예배, 겸손, 봉사,
헌금의 귀감이 되는 사람은 누구일까? 주의 종을 섬김에 귀감이
되는 사람은 누구일까? 자녀를 믿음으로 키우는 일에 귀감이 되는
사람은 누구일까?

　나는 어떤 일에 귀감이 되고 있을까? 최고의 귀감은 진리를 바
로 알고 진리를 행동으로 실천하면서 사는 생활 신앙이다. 그런
사람이 가이오 장로, 가이오 성도이다. 이런 귀감자들이 많을 때
한국 교회는 건강한 교회가 된다. 그런데 한국 교회에는 으뜸이
되기를 좋아하는 디오드레베도 많으니 이래저래 도매금으로 욕을
먹고 있는 것이다.

19. 믿음의 보상
: 천국 앞에서 치를 것이 많다

미국 심리학의 아버지라는 윌리엄 제임스(William James)는 '종교의 경험적 다양성'에서 종교의 핵심 부분을 구원의 경험으로 본다. 종교를 가짐으로 오는 혜택들이 많지만 결국은 구원이다. 육체적 구원, 삶에서의 구원을 포함해서 영혼의 구원이다. 기독교는 믿음의 끝을 영혼 구원에 두고 있다. 믿음의 시작점과 끝 지점이 되는 예수님과 함께했던 베드로가 한 말이다.

믿음의 결국 곧 영혼의 구원을 받음이라 벧전 1:9

어떤 사람이 그런 말을 했다. 자기는 믿음생활을 하지만 죽음 이후에는 별 관심이 없단다. 살아가는 일에 힘을 얻고 교회 안에서 좋은 사람들을 만났고 주일마다 설교에서 도움 되는 교훈들을 얻고 살았으면 되었지 그보다 더 큰 욕심을 왜 부리느냐는 뜻이었다. 내가 듣기에 그것은 욕심이 없는 것이 아니라 믿음이 없는 것이다.

스코틀랜드에서 호주로 가는 화물선 한 척에 많은 양들과 마른 풀들이 가득 실렸다. 호주 도착 직전, 안개는 자욱한데 양들이 마른 풀을 먹으려 하지 않았다. 바람결에 육지에서 풍겨 나오는 싱싱한 풀, 생명력 넘치는 풀 냄새를 맡았기 때문이다. 교회는 그렇게 건강한 풀 냄새가 흘러넘쳐야 하는 곳이다. 천국의 푸른 풀 냄새를 맡을 수 있어야 하는 곳이다. 그러기에 믿음의 끝에 관심을 갖지 못하면 죽은 믿음이지 살아 있는 믿음이라고 할 수 없다.

언제까지 믿어야 할까? 답은 간단하다. 죽을 때까지 믿어야 한다. 인생 달리기에서 최장거리 코스가 믿음 코스이다. 마라톤 풀코스는 42.195킬로미터고, 울트라 마라톤은 50킬로미터다. 24시간 동안 연속으로 달리는 마라톤도 있다. 친구 목사가 미국으로 유학을 갔는데 20년이 넘었는데도 아직도 학위를 받지 못했다. 박사 코스도 믿음의 코스에 비하면 아무 것도 아니다. 믿음은 인생에서 가장 긴 레이스(race), 그러나 끝이 있는 레이스이다.

믿음은 푸른 하늘로 날아오르는 우주선의 '보조 로켓' 같은 것이다. 우주선은 보조 로켓이 3단계로 되어 있어 어느 지점까지 올라가면 하나씩 떨어뜨린다. 달고 올라갈 필요가 없다. 우리 믿음도 천국에 입성하는 순간 효용가치가 떨어진다. 믿음의 고난, 삶의 수고, 오해, 내면의 싸움이 모두 끝난다. 믿음은 바라는 것들의 실상(히 11:1)이라고 했으니 실상이 드러난 마당에 믿음의 역할은 끝난다. 믿음이 끝남과 동시에 영원한 안식과 사랑의 세계로 들어가게 된다. 이후부터는 하나님이 우리를 인수하셔서 완벽하게 영생을 책임지신다. 우리는 에덴동산보다도 더 좋은 곳에서 영생하게 된다.

천국 앞에서의 질문

오래 전, 성지순례 때 이집트에서 이스라엘로 입국하려니 여권을 검사했다. 적대관계이기에 경계가 삼엄했다. 가이드는 입국장에서 무조건 모르쇠로 일관하라고 주의를 주었다. 이스라엘 출입국심사관은 "왜 이스라엘로 입국하느냐?" "이집트에서 어떤 곳을 방문했느냐?"는 식의 질문을 했다. 말꼬리를 잡힐까 봐 모르쇠로 일관했더니, 입국 도장을 꽝! 찍어 주었다. 그 시간 내내 엄청 긴장이 되었다.

내 믿음의 끝 천국 입구에서도 심사가 있을까? 구원은 이미 이루어졌기에 새삼 입국에 대한 자격 심사는 하지 않는다(요 3:18 참조). "전도폭발" 프로그램은 '천국 입구에서 여차 저차 질문이 있을 때 어떻게 대답할 것이냐?'로 시작한다. 다음은 성도들을 위한 가상 질문이다.

첫 번째 질문, "네가 왜 천국에 오게 되었느냐?"

천국 가면 세 번 놀란다는 우스갯소리가 있다. 꼭 와야 할 사람이 오지 못한 것에 놀라고, 저런 인간이 어떻게 천국에 왔을까 놀라고, 나 같은 죄인이 이리도 영광스러운 천국에 올 수 있음에 또 한 번 놀란다나. 그만큼 천국은 거룩하고 영광스럽다. 내가 입장할 수 있는 곳이 아니다.

"네가 어찌 천국에 오게 되었느냐?"는 질문에 어떻게 대답할까? "교회 잘 다녀서요" "착하게 살아서요" "목사님 덕에요" "내 믿음이 좋아서요" 같은 대답이 천국에서 통하기나 할까. 아마도 답은 이미 정해져 있을 것이다. "제가 생각하기에도 저는 천국에 올 만한 의(義)가 없습니다. 천국에 온 것은 예수 그리스도를 믿은 것뿐입니다. 지금 생각해 보니, 그 믿음조차 하나님이 주신 선물이었습니다."

그렇다! 세상에서는 천국이 제대로 상상이 되지 않는다. 천국에 서는 순간, 하나님의 임재로 그 거룩함, 영광스러움에 눈이 부실 것이다. 이렇게 거룩한 곳에는 절대로 내 힘으로 올 수 없으니 "하나님의 은혜입니다!"라는 대답 외에는 할 말이 없는 것이다.

유대인은 구원을 혈통에 두었다. '아브라함의 자손이면 무조건 구원받는다'라고 믿는다. 일반인들은 행위에 구원을 둔다. 착하게 살고 선행을 베풀면 하늘나라에 갈 수 있다고 생각한다. 이런 정도로 믿고 살다 믿음의 끝에 거룩하신 여호와 앞에 섰다고 생각해 보자. 네가 왜 천국에 오게 되었느냐? 그 물으심에 혈통이나 선행을 말할 수 없다. 착하게 산다 자부했는데 거룩하시고 엄위하신 분 앞에 서니 기가 죽는다. 그래서 내 대답은 하나밖에 없다. "하나님의 은혜로 구원받아 여기까지 오게 되었습니다."

베드로는 믿음의 끝은 영혼 구원이라면서 "조상이 물려 준 헛된 행실에서 대속함을 받은 것은… 오직 흠 없고 점 없는 어린 양

같은 그리스도의 보배로운 피로 된 것"(벧전 1:18,19)이라는 점을 분명히 한다. 내 의의 카드로 천국 문을 연 것이 아니고 오직 예수 그리스도의 보혈 카드로 천국이 열리더라는 것이다.

어떤 악인이 죽어서 심판관 앞에 섰는데 인생 사용 명세서를 보고 심판관이 판결을 내렸다.

"너는 생전에 못된 짓만 골라 했으니 지옥에서 죗값을 톡톡히 치르라"

그 사람이 심판관에게 죽을상을 하면서 사정한다.

"죗값을 계산하라니요, 혹시 카드도 계산이 되나요?"

"그래? 카드를 내놓아 보거라!"

심판관이 그가 내미는 카드를 계산기에 쓱 그어 보더니 말한다.

"이 카드는 신용불량으로 정지되었다! 다른 카드를 내놓아라."

연달아 몇 개의 카드를 내놓았지만 계속 신용불량으로 나온다. 결국 죗값을 치르지 못해서 지옥에 갔다는, 재미로 들으라는 우스갯소리이다. 우리 죄는 무엇으로도 계산할 수 없다. 종교로도, 선행으로도 해결할 수 없다. 예수님의 보혈로만 제거된다. 보혈카드가 아닌 것은 모두 신용불량으로 인한 사용 정지이다. 만약 주님이 부활하지 않으셨다면 나도 여전히 죄 가운데 있는 불량품에 불과하다. 그러니 천국에서든 지상에서든 하나님의 자비와 긍휼, 은혜만을 붙들 수밖에 없는 것이다.

204 그래도, 믿음이 필요하다

두 번째 질문, "내가 왜 너를 구원해 주었다고 생각하느냐?"

어떤 답을 할까? 여기서도 모르쇠가 통할까? 주관식 말고 객관
식으로 내달라고 간청할까?

하나님이 나를 구원하신 목적은, 하나님의 기쁨을 위해서이다.
이를 위해 우리는 부르심을 받았다. 곧 '부름 받은 삶'이다. 이에
반하는 '쫓아다니는 삶'은 더 많이 가지고 누리려는 '소유의 삶'이
다. 성공 지향이고 업적 중심이기에 팽창욕에 사로잡혀 계속 일을
확장하고 좋은 기회를 잡기 위해 움직인다. 쫓아다니는 사람은 경
쟁심으로 항상 격렬한 분노를 품고 산다. 비정상적으로 바쁘고 예
배를 피한다. 겉으로는 화려하고 폼이 나게 살지만 결국은 쫓기는
삶이다. 하나님 앞에 서게 될 때 나의 성공과 업적은 마른 풀과 같
은 것이 된다. 할 말이 없는 것이다. 사명으로 부름 받은 삶은 감격
에 찬 고백을 한다. 내 믿음의 끝자락에 "주님의 은혜로 소명의 삶
을 살다 왔습니다" "청지기로 살다 왔습니다" "세우신 곳에서 예배
하고 이웃을 섬기다 왔습니다" "모든 것이 하나님의 은혜였습니
다"라는 보고서를 내놓는 사람이 복된 사람이다.

천국 앞에서 수령할 영생보험금

여기에 또 희소식이 있다. 믿음의 끝에는 엄청난 보험수령액이
있다. 보험은 사고가 발생하지 않으면 재미가 없다. 돈만 낭비하고
손해라는 생각에 종종 사로잡힌다. 해약하려는 유혹을 받기도 한
다. 그러나 보험은 재난이나 예기치 않았던 사고를 대비해서 있는

것이다. 이러타할 재산이 없는 사람일수록 보험은 힘이 된다.

믿음은 일종의 생명보험이요 천국보험이다. 예수님이 "나를 믿으라" 하실 때, 나는 종종 "내 보험에 들어라"는 말씀으로 받는다. 우리 교회에 보험설계사가 많아서 그런가. "주 예수를 믿으라, 그리하면 너와 네 집이 구원 받으라"(행 16:31) 할 때 예수 생명보험에 들면 나도 내 가족들도 엄청난 보상을 받는다, 그리 해석하면 저절로 웃음이 나오고 은혜가 된다.

생명보험은 죽어서만 수령하는 것이 아니다. 보험마다 약관이 다르겠지만 좋은 조건의 보험은 소소한 것도 다 챙겨준다. 얼마 전에 대장내시경을 했는데 용종이 나왔다고 30만 원을 받았다. 같은 보험인데 임플란트하면서 시술했다고 50만 원도 주었다. 생각지도 않았던 수령액이다.

세상에서 들어 둔 보험도 때로는 이렇게 힘이 되는데, 천국에서 수령하게 될 예수 영생보험은 어떻겠는가. 믿는 자는 누구나 영생보험에 가입되어 있다. 천국에서 영생으로 수령하게 된다. 예수 생명보험, 복음보험에 들게 되면 이 땅에서 고통에 시달렸던 우리는 아름다운 얼굴로, 멋있는 영체로, 고생이 없는 삶으로 찾게 된다. 고린도전서 15장은 그리스도인들이 죽은 후에 찾을 보험 내역이다.

죽은 자의 부활도 그와 같으니 썩을 것으로 심고 썩지 아니할 것으로 다시 살아나며 욕된 것으로 심고 영광스러운 것으로 다시 살아나며 약한 것으로 심고 강한 것으로 다시 살아나며 육의 몸으로 심고 신령한 몸으로 다시 살아나나니 육의 몸이 있은즉 또 영의 몸도 있느니라 42-44절

이렇게 좋은 특별보험이 어디 있을까? 이런 보상을 받는다 생각하면 내가 왜 더 큰 보험을 들지 않았을까 아쉬워하게 될 것이다. 그렇다면 죽음이 나쁜 것만은 아니다. 믿음의 끝에는 이처럼 좋은 일이 기다리고 있다. 믿음으로 죄사함을 받고, 천국에 들어가게 되고, 영생을 얻게 된다. 믿음으로 하나님을 직접 대면하게 되는 영광에 참여하게 된다. 현세에서 누렸던 것들은 천국에 비하면 아무 것도 아니다. 우리에게 하늘나라에서 엄청난 보상이 준비되고 있으니 얼마나 가치 있는 수고일까. 나의 믿음은 겨자씨만 한데 하나님은 이렇게도 엄청난 축복을 수령하게 하시니 하나님의 은혜는 이 땅에서도 크고 천국에서도 크다. 이걸 생각하면 나는 참 행복하다.

내 재산 사용내역서를 준비하라

내가 내 인생과 재산에 결정권자 같지만 주인은 하나님이시다. 마지막 날에는 사용내역서를 내놓아야 한다. '얼마나 가졌나?' '얼마나 썼는가?'가 중요한 게 아니다. 핵심은 '누구를 위해 사용했는가?' '무엇에 대해 사용했는가?'이다. 믿음의 끝에는 믿음의 내역서도 보지만 사용 내역서도 함께 제출해야 한다.

죽을 때 뭐가 못 되어 억울하다 탄식하며 아쉬워하는 사람은 드물다. '이렇게 살 수밖에 없었나? 좀 더 남을 위해서 살 수도 있었는데…' 하며 아쉬워한다. 이런 아쉬움은 믿음의 끝에, 삶의 끝자락에서 보잘것없는 사용내역서를 내놓을 수밖에 없다는 두려움, 부끄러움 때문이다. 내가 남보다 더 많은 것을 가졌고 더 좋은 환경에서 자랐다면, 남들보다 더 튼튼한 육체를 가졌고 더 많은 것을 배웠다면 내역서도 내놓을 것이 더 많아야 하지 않을까? 우리가 평생토록 사용한 화장품 값보다야 남을 도운 돈의 내역서가 더 많아야 하지 않을까? 내 몸에 투자한 체력 단련비보다는 남을 도와준 내역서 비율이 더 많아야 하지 않을까? 그런 면에서는 우리가 비신자들보다야 내역서가 훨씬 알찰 것이다. 우리는 헌금하는 사람들이고, 버거운 가운데 정성껏 드린 십일조, 헌금… 등으로 우리 교회가 대신해서 남을 돕는 일에 사용했기 때문이다. 그게 모두 우리의 내역서에 포함되기에 상급이 많을 것이 틀림이 없다.

1930년대 초 미국은 극심한 불경기로 경제공황이 왔다. 한 극장에 "입장 무료"라는 팻말이 붙었다. 사람들은 웬 떡이냐며 들어갔다가 낭패를 당했다. 입장료는 공짜였지만 입장료보다 훨씬 더 비싼 퇴장료가 있었던 것이다. 공짜를 좋아하다 비싼 대가를 치렀다. 세상에서 사는 것은 자유이다. 들어올 때는 내 의지와 관계없이 입(入)세상을 했다. 그러나 출(出)세상에는 퇴장료가 있다.

"내가 준 것들, 어떻게 썼느냐? 내놓아 봐라!"

하나님의 심판대 앞에서 내역서를 제출하기 전에 이제라도 믿

음의 끝이 오기 전에 인생의 시간들을 어떻게 사용했는가, 내 소
유를 어떻게 사용했는가, 사용 내역서를 살펴보아야 한다. 내 생애
의 끝에 내가 찾아갈 세상, 나를 찾아와서 안겨줄 보상들, 내가 죽
음을 넘어 이런 상급을 꿈꾸게 된 것은, 믿음의 결과이다. 믿음이
없이는 하나님을 볼 수 없고 기쁘게 할 수 없다. 믿음이 있으니까
대면해서 뵐 것이며 기쁘게 해드린다. 그러니 믿음이란 얼마나 좋
은 것일까? 믿음이 없었다면 꿈이나 꾸겠는가.

이렇게 좋은 믿음이 사실은 선물이다. 바울은 데살로니가교회
신자들에게 "믿음은 모든 사람의 것이 아니니라"(살후 3:2)라고 말
한다. 에베소교회 신자들에게는 "믿음으로 말미암아 구원을 받았
으니… 하나님의 선물이라"(엡 2:8)는 가르침을 준다. 선물은 아무
나 얻을 수 있는 것이 아니다. 선택된 이들에게, 하나님의 자녀들
에게 주시는 특별한 은총이다.

우리 생애에 공짜로 받은 믿음이라는 선물을 어떻게 응용하고
사용하는가? 그것은 우리의 몫이다. 큰 믿음들로 키워 가면서 믿
음의 끝에 좋은 보상들을 누려야 한다. 그 안내자로 교회는 우리
곁에 있는 것이다. 그게 바로 한국 교회이고 우리가 몸담고 있는
우리 교회이다.

Part 3

이런
교회가
되게 하소서

20. 한국 역사에 교회가 없었다면 어땠을까

대한민국의 역사를 보면 기독교의 역사는 140년 밖에 되지 않는다. 그런 서양에서 들어온 한 '종교'가 백성들에게 희망이 되었다. 전쟁으로 폐허가 된 국가를 선진국 반열로까지 올려놓았다. 한국은 아시아에서 유일하게 기독교가 성공적으로 정착한 국가이다. 한국 교회가 대한민국을 일으키는 선도적 역할을 해오면서 가난과 무지와 영적 어둠에 쌓여 있던 조선에 희망이 깃들었다는 것은 누구도 쉽게 부인하지 못한다. 그만큼 개인의 삶은 물론이고 한 사회, 국가 발전에서도 종교가 얼마나 유익한가를 한국 교회가 여실히 보여 주고 있다.

지금은 일방적인 프레임에 갇혀 나쁜 종교처럼, 기독교인은 위선적이고 이중인격자들인 것처럼 보이는 착시현상이 사회 전반에 퍼지고 있다. 그러나 기독교, 한국 교회가 없는 대한민국의 발전과 번영은 설명하기 쉽지 않다는 것을 건강한 역사관을 갖고 있다면 인정할 것이다.

조선에 삼위일체 하나님을 알리다

한국 기독교는 장로교 선교사 언더우드(Horace G. Underwood)와 감리교 선교사 아펜젤러(Henry G. Appenzeller)가 1885년(고종 22년) 4월 5일, 부활절 아침에 제물포항에 도착함으로 시작되었다. 이보다 앞서 1884년 6월 24일 미국 감리교선교사 사무엘 매클레이(R. S. Maclay)가 고종 황제로부터 선교를 허가받았다. 한국 교회가 대단한 것이 첫 선교사들이 입국하기 2년 전인 1883년 5월 16일 황해도 대구면 송천리에 서상륜 서경조 형제가 이미 조선 최초의 교회인 소래교회를 설립했다는 사실이다. 해외 선교사가 선교를 시작하기 이전에 조선인들 스스로 교회를 세운 역사는 기독교 2천 년 사에 찾아보기 드물다.

한국 교회는 샤머니즘, 유교, 불교 신앙이 주류이던 우리 민족에게 삼위일체의 하나님 신관과 구원자 예수 그리스도를 알려 주었다. 기독교가 오지 않았다면 우리 민족은 다양한 이름의 천신 숭배에서 벗어나지 못했을 것이다. 또한 유교의 관습을 따르고 있었을 것이다. 충효가 인간 도리의 전부로 알던 시대가 조선이다. 그런 조선으로 남았다면 백성들 대부분은 왕정과 소수권력인 사대부(士大夫)의 지배 하에 천민이나 서민으로만 살았을 것이다.

조선에 들어온 기독교 신앙의 영향으로 유교의 성리학을 통치이념으로 세운 조선이 개방되고 개화가 되면서 문명사회로 나아가게 된다. 선교사들은 연희, 배재, 경신, 이화학당 등을 세워 서양학문의 길을 열어 주었다. 천주교는 병원을 세워 환자들의 병을 고쳤고 기독교는 학교를 세워 인재를 키워 냈다. 지금까지 우리나라에 설립된 기독교학교는 2024년 현재 초·중·고등학교 205개이고, 전문대학교(24개), 대학교(53개), 대학원대학교(21)를 합치니 대학교만 98개이다. 세상에 어느 종교가 한 국가를 위해 이렇게 엄청난 수의 교육기관을 세울 수 있을까? 그리고, 그 많은 인재들을 양성하고 배출할 수 있을까? 대한민국의 교육열이 세계 최고가 된 것은 기독교학교, 미션스쿨에 힘입은 바가 크다.

한글, 성경의 옷을 입고 주류 언어가 되다

기독교가 민족에 끼친 큰 공헌이 문맹(文盲) 퇴치이다. 세종대왕은 집현전학자들과 한글을 창제하면서 "백성들이 글자를 몰라 억울한 일을 당하지 않았으면 좋겠다"는 뜻을 피력했다. 세종의 뜻과는 다르게 사대부 관리들은 중국과의 관계를 들이대며 극렬하게 한글을 반대한다. 한글로 머리를 깨우치면 왕실에 위험 요소가 된다는 것이다.

조선에서 활동하는 선교사들은 달랐다. 일반 민중들에게 한글을 터득하게 했고 성경을 비롯해서 서양 학문들을 한글로 번역하여 백성들의 의식을 깨우쳤다. 한글이 기독교를 만나 발전을 거듭하게 된 것이다. 조선에서 사역했던 존슨(1867-1919) 선교사는 한글에 대해 말한다.

"한글은 정말로 이 세계에서 제일 간단하다. A.D. 1445년에 발명되어 조용히 먼지투성이의 시대로 자기의 세월이 오기를 기다리고 있으니 누가 그것을 알아주었겠는가? 하나님의 신비로운 섭리에 의해 그것은 신약성서와 다른 기독교 서적을 위해 준비된 채 자기의 날이 오기를 기다리고 있었다."[20]

한국 기독교의 전도와 부흥은 성경과 함께 달려왔다. 성경은 조선에서 한글을 만나 기독교의 꽃을 피우고 한글은 성경이라는 옷을 입고 대중화되었다. 언더우드가 조선 선교사로 오기 위해 일본에 도착했는데 마가복음 한글성서를 보고 깜짝 놀랐다. 1882년 수신사 박영효와 함께 수행원 자격으로 일본에 갔던 이수정이 번역한 쪽복음 성경이다. 이수정은 일본에서 산상수훈이 기록된 족자를 보고 감동을 받아 예수를 믿었다고 한다.

만주 우장(牛莊)에서도 스코틀랜드 선교사 로스와 매킨타이어가 이응찬 백홍준 서상륜 등과 협력해 1882년에 《루가의 복음서》, 《요한의 복음서》 등을 출판했다. 1887년에는 《예수교전서》라는 이름으로 신약성서가 완역되어 간행되는데, 이것이 '로스 번역성경'이다. 성경이 한글로 번역되면서 서민, 머슴, 여인들이 성경을 읽으려는 심사에서 한글을 배우기 시작했다. 그래서 한글은 '기독교 선교 최고의 무기'가 되었다.

기독교가 없었다면 세종대왕의 훈민정음은 역사 속으로 흐지

---

20 조선일보, 2023.11.30, 대한기독교서회 130주년 심포지엄 기사

부지 사라졌을지 모른다. 우리도 당연히 세종대왕에게 감사해야
지만 세종도 한국 교회에 크게 감사해야 한다. 한글이 성경을 만
나 장족의 발전을 한 것이기에 그렇다. 이는, 한글학자들도 인정하
는 바이다.

한글학자 최현배 선생은 한국 교회를 이렇게 칭송했다.

"한글의 부흥, 정리 및 보급에 대하여 막대한 공적을 끼친 것으로
우리가 예수교의 선교 사업에 들기를 잊어서는 안 된다… 조선 사
람으로서 이 한글 보급의 기독교의 위대한 공적에 대하여 감사의
뜻을 가지지 아니할 이도 없을 것이다."[21]

이치만 장로회신학대 교수는 교회의 한글 고수는 신앙을 지키
려는 방편이었다고 설명했다.

"우리나라 기독교는 성경을 일점일획도 바꿀 수 없다는 성경 무오
설에 뿌리를 두고 있었을 정도로 보수적이었다. … 이처럼 한 글자,
한 글자가 중요한 성경을 일본어로 읽는다는 걸 당시 기독교인들은
도저히 받아들일 수 없었을 것이다. … 일제는 1911년 105인 사건을
시작으로 교회를 쉬지 않고 괴롭히고 핍박했는데도 교회가 한글을
버리지 않았던 건 결국 신앙을 지키려던 열정 때문이었다."[22]

---

21 최현배, "기독교와 한글"(〈신학논단 7집〉, 연세대학교 신과대학, 1962).

22 국민일보, 2020. 10. 9.

선교사들은 성경으로 선비들의 문자 독점을 깨기 시작했다. 교회와 기독교 학교에선 성경과 전도 문서를 읽히기 위한 한글 배우기 운동을 일으켰다. 성경은 한글의 저변 확대와 국문학 발전에 지대한 공헌을 끼침은 물론 사회문화 변동의 견인차 역할을 했다.

서양의 신문화 유입과 계급사회 폐지

기독교가 끼친 또 하나의 공헌은 서양의 신문화 유입과 계급사회 폐지이다. 쇄국주의 조선에 선교사들이 들어와 학당과 병원을 세우고 서양 학문이 들어온다. 선교사들은 양반 상놈이라는 계급사회, 백정제도를 없애고 평등사상을 심어 준다.

이화학당 첫 졸업생 답사자는 언년이라는 백정의 딸이다. 당시 포졸, 광대, 고리장, 무당, 기생, 갓바치, 백정 등은 칠천반(七賤班)이라 하여 하류계층에 속했는데, 그마저도 백정은 인구조사에서 제외되었고 거주지역도 제한되어 있었다. 상투를 올릴 수 없고, 망건이나 갓을 쓰지도 못했다. 망건을 쓰지 않았다는 것은 미성년의 표시로 여겨졌기에 나이 많은 백정도 아이 취급을 당하는 등 비인간적인 대우를 받았다.

언년이 아버지는 가슴에 백정 표지를 달지 않았다는 이유로 관가에 끌려갔다. 어머니는 읍내 소학교 운동회에서 '백정각시 타고 달리기'에 끌려가 소처럼 학부모를 태우고 기어 다닌 것이 너무 수치스러워 자살로 생을 마감한다. 아버지는 죽을병에 걸렸는데 고종 시의(侍醫) 캐나다 출신 의료선교사 에비슨에게 치료를 받고 예수를 믿는다. 언년이는 양빈이라는 이름으로 한국인 최초로 산부인과의원을 개설한 신필호와 결혼한다.

한국 교회 최초의 장로는 백정 출신 박성춘이다. 세례를 받을 때까지 백정 신분을 숨겼다. 신분이 드러나자 교회에 나오던 양반 신자들이 백정과 한 자리에 앉아 예배드릴 수 없다면서 앞쪽에 양반 자리를 따로 마련해 달라고 무어 선교사에게 요구했다. 무어 선교사가 "복음 안에서 신분의 차별이 있을 수 없다"고 거절하자 딴살림을 차린다. 그렇게 세워진 교회가 홍문수골교회이다. 3년 후에는 두 교회가 다시 합쳐지면서 승동교회가 된다. 양반들만 있으니 교회 안에서 궂은일을 하는 봉사가 제대로 되지 않았던 모양이다.

박성춘은 열심히 예수를 믿어 승동교회 장로가 된다. 그는 당시 내각총서로 있던 유길준에게 "백정차별금지법"이라는 장문의 탄원서를 낸다. 백정 신분도 갓과 망건을 쓸 수 있게 해달라는 탄원서였다. 이것이 받아들여져서 박성춘은 조선 최초로 갓과 망건을 쓴 백정이 된다. 갓을 쓰던 날은 너무 기뻐서 쓴 채로 잤다고 한다. 아들 박봉출은 에비슨 선교사의 도움으로 세브란스에 입학해서 박서양이라는 이름으로 최초의 서양 의사 7인 중 하나가 된다.

기독교는 어느 정치가도 할 수 없었던 신분 철폐를 이루어 냈다. 이 대단한 사실 앞에서 종교가 백해무익하다는 한가한 소리를 할 수 있을까.

기독교 평등사상이 조선을 변혁시키다

조선에 기독교가 오지 않았다면 조선 여인들 역시 오랜 세월을 기본적인 인권조차 제대로 인정받지 못하고 살았을 것이다. 양반 여성들은 집안에서 바느질이나 배우다 시집가서 자식이나 키우면 된다면서 일상생활 정도의 교육만 받았다. 음식 장만, 손님맞이 등의 집안일을 관리하였고, 남편이 죽어도 재혼하기 어려웠다. 상민 여성은 집안일과 농사일을 하면서 무명과 삼베를 만들었다. 길쌈이나 빨래, 나물 캐기 등 힘든 일을 하였고, 아이를 보살피며 일을 하였다. 천민 여성들은 관기나 노비로 힘든 일을 도맡아 하였다. 그러다가 개화기에 선교사들이 세운 이화학당 등에서 서구 문물의 영향을 받고 신교육을 받은 학생들이 여성의 정체성을 깨닫고 활동한다. 전국 교회마다 여전도회가 있었기에 가능했던 일이다.

일제에 나라를 잃었을 때 교회는 독립운동의 장소로도 결정적인 역할을 한다. 독립 운동가들은 믿음 유무와 관계없이 교회로 들어왔다. 기독교의 평등사상이 그들의 가슴을 뜨겁게 했고, 전국 조직과 모임을 가진 종교나 단체는 교회밖에 없었다. 교회는 예배를 위해 정기적으로 모였고 주보를 만드는 등 사기가 있었다. 이걸로 독립선언서와 독립을 위한 삐라를 만들어 전국에 배부했다.

박정희 대통령의 유신시절에도 천주교는 성당 안에서 민주화운동을 했다면 기독교 목사들은 현장에서 노동운동을 통해 노동자들의 권익과 민주화를 위해 고초를 당했다.

대한민국이 살기가 힘들고 사회복지가 제대로 되지 않았을 때

고아, 노인들, 장애인 시설 등의 사회복지는 기독교가 감당했다. 2018년 당시 복지법인의 52퍼센트, 종합복지원 운영의 45퍼센트, 노인복지시설의 63퍼센트, 종교사립학교의 72퍼센트, 해외원조단체 23개 중 17개를 설립하여 운용 중이라고 했다.[23]

이제 한국 교회는 전 세계에 선교사를 파송하는 나라가 되었다. 선교사 파송 숫자로 볼 때 미국 교회에 이어 한국 교회가 세계 2위이다. 한국세계선교협의회(KWMA)에 의하면, 2021년 12월 기준으로 167개국에 나가 있는 2만2,210명(대기 중인 선교사도 2,707명)의 선교사들은 외국에서 기독교 복음만 전하는 것이 아니다. 어디에 가든지 한국인으로서 살아간다. 아프리카 오지에서 한센병 환자들과 평생을 같이 하기도 한다. 대한민국 어느 대사관도 영사관도 외교관들도 그런 일들을 못한다. 세계에서 활동하는 선교사들은 대사관과 그 직원 수보다 훨씬 많고 국위 선양을 한다.

한국 교회는 공이 과보다 훨씬 많아

이 정도로만 봐도 대한민국에서 이렇게 대단한 업적을 남긴 것은 정치도 경제도 예술도 어떤 학문도 아니다. 종교, 그것도 기독교가 이루어 놓은 업적이다. 물론 세상사가 그런 것처럼 공과(功過)를 놓고 볼 때 한국 교회에도 공(功)이 있고 과(過)가 있다. 과는 빙산의 일각이다. 그럼에도 언론이 연속적으로 빙산의 일각인 과실

---

23 손봉호, 〈샘터〉 2018. 10.

만 겨냥한다. 공정해야 할 언론이 정도를 벗어난 것이다. 교인들조차 이런 프레임에 갇혀 있다.

이에 대해, 김환근 목사는 "개신교에 대한 비방 글과 댓글을 읽어 보면 정말 소수의 사례를 가지고 이야기한다는 느낌을 지울 수 없다. … 개신교 규모가 상당한데 몇 명의 일탈로 전체를 매도하고 있다. … 개신교가 좋은 일도 많이 하는데 안 좋은 면만 부각되고 지속해서 비난을 받는 게 안타깝다"[24]고 말했다.

지난 100년은 기독교의 공이 많았는데 100년 후의 40년, 특히 요즘에는 기독교의 과들이 많다. 그래서 한국 교회를 엄청 공격한다. 그러나 허물이 없는 사회가 어디 있고 완전한 인간이 어디 있겠는가. 언론들의 편파적인 시각 때문에 한국 교회는 열 가지 좋은 일을 해놓고 한 가지 보도된 나쁜 일로 욕을 먹는다. 한 가지 과실을 열 가지로 침소봉대(針小棒大)하니 한국 교회가 비판적인 보도 앞에 나쁜 종교로 인식될 수밖에 없다. 우리로 볼 때는 그 편파성이, 억울한 점들이 한둘이 아니다. 그래도 어쩌할까. 이미 운동장은 기울어졌다. 그리고, 세상은 탈종교 추세이다.

---

24 국민일보, 2024. 3. 13.

21. 한국 교회, 대한을 사랑했다

　무신론자들이나 반기독교적인 성향을 가진 사람들은 기독교 신앙을 맹신으로 본다. 맹신(盲信)은 옳고 그름을 따지지 않고 덮어 놓고 믿는 것이다. 그들은 기독교 신앙이 단순히 복이나 빌고 하나님을 지렛대로 삼아 개인의 구원과 행복을 추구하는 정도로 본다. 또한 맹목적인 근본주의 신앙에서 예배당이나 짓고 그 안에서 자기들끼리 '놀고' 예배당 크기와 교인들의 숫자, 담임목사의 명성을 자신들의 명성으로 착각하고 만족하는 하급 종교인들로 폄훼하고 기회만 되면 적대시한다.

　한국 교회는 그렇게 폄훼당할 종교가 아니다. 한국 교회의 역사를 살펴보면 종교가 얼마나 선한 영향력을 행사할 수 있는가, 하는 점을 알게 될 것이다. 3·1 애국운동의 예만 보아도 그렇다.

독립 선언 서명자 기독교인 16명

　1919년 3월 1일 정오, 일본의 강제적 합방과 식민정책에 항거하여 조선이 자주독립국임을 선언한 날이다. 원래 독립선언식은 파고다공원에서 열기로 했는데 학생들 만세 집회가 예정돼 있어 자칫 폭력적 상황으로 변질될까 봐 종로 태화관으로 변경됐다.

독립선언서 초안은 육당 최남선이 작성했다. 《임꺽정》을 쓴 벽초 홍명희, 춘원 이광수와 함께 '조선 3대 천재'로 불리던 최남선은 초고를 작성하고도 정작 선언서에 서명한 민족대표 33인에서는 빠졌다. 일생을 학자로 마칠 생각이기에 독립운동의 표면에 나서지는 못하지만 선언서 작성에는 참여하겠다는 것이 그의 의지였다.

민족대표 33인이 태화관에서 독립선언서에서 서명했지만 정작 29명은 탑골공원에 나타나지 않았다. 한용운을 비롯한 서명자들이 경찰서로 가서 자수했기 때문이다. 그들은 처음부터 비폭력, 무저항의 운동을 생각했다. 탑골공원에서 대기 중이던 5천 명이 당황하는 기색이 보이자 감리교 전도사였던 정재용이 팔각정 단상 위에 올라 독립선언서를 낭독했다. 경성의전 학생 한위건이라는 말도 있다. 이렇게 해서 전국적인 만세운동이 시작되었다.

원래 독립만세운동은 3월 1일이 아니라 3일에 계획되어 '3·3절'이 될 뻔했다. 독립선언식을 고종 황제의 국장일(國葬日)인 3일로 예정했다가 하루 앞당기려 했으나 2일은 마침 주일이었다. 33인 대표 중 16명이 기독교인, 천도교가 15명, 불교인 2명이었다. 기독교 대표는 길선주 목사, 천도교 대표는 손병희 선생, 불교 대표는 '님의 침묵'으로 유명한 한용운 선생이다. 기독교 16명을 신급별로 보면, 목사가 10명(길선주, 김병조, 신석구, 신홍식, 양전백, 오화영, 유여대, 이필주, 정춘수, 최송모), 장로 2명(이승훈, 이명룡), 전도사 3명(김창

준, 박동완, 박희도), 집사 1명(이갑성)이다.[25] 당시 기독교인들은 주일성수를 철저히 했다. 기독교인 16명이 주일은 안 된다고 해서 하루 더 앞당겨 3월 1일이 독립선언의 날이 된다.

국사편찬위원회가 간행한 《일제침략하 한국 36년사》(2022. 5. 10)에는 만세운동에 참여한 이들의 종교를 기독교 22퍼센트, 천도교 15퍼센트, 기타종교 2퍼센트, 무종교 61퍼센트라고 기록한다. 이를 볼 때 기독교는 타 종교보다 월등하게 많은 수가 만세운동에 가담했고, 준비단계, 거사 실행단계에서 주도적 역할을 했음을 알 수 있다. 그런 점 때문에 피해 또한 막심할 수밖에 없었다.

1600만-2천만 명 인구 중 전국에서 1백만 명이 참가했고 934명이 죽었다. 경기도는 가장 격렬하게 시위운동을 전개한 지역인데, 그중 2만 명이 나선 강화 읍내 시위는 3·1운동 중 최대 시위로 꼽힌다. 이때도 기독교인 유봉진이 앞장을 선다.

3·1운동을 주도한 한국 교회

이처럼 3·1운동은 각계각층이 하나가 되어 일어난 운동이면서 특히 기독교인들이 중심이 된다. 신자가 30만 명에 이르렀던 천주교는 참가하지 않았다. 오히려 조선교구장 뮈텔(G. C. Marie Mutel, 한국명 민덕효) 주교는 1909년 이토 히로부미를 처단한 안중근(세례명 토마스) 의사의 마지막 고해성사와 미사 요청을 거부했다. 일본

---

25 이상규 교수, "한국 기독교학술원 제52회 학술공개세미나", 미래한국, 2018.5.29

관리도 이에 동의하였기에 안중근의 동생 안명근이 니콜라 빌렘 (Nicolas Wilhelm, 한국명 홍석구) 신부를 통해 요청했으나 뮈텔 교구장은 "안중근 토마스가 정치적으로 자신의 의견이 잘못되었다고 시인하지 않으면, 고해성사를 줄 수 없다"고 거부했다. 이러한 지시를 어기고 고해성사를 해준 빌렘 신부에게는 2개월간 미사 집전을 금지하기도 했다.

이 때문에 3·1운동 뒤 상해임시정부에서는 내무총장 이동녕의 명의로 천주교인들에게만 보내는 "천주교 동포여"라는 공포문에서 "전 한족이 다 일어나 피를 흘리며 자유를 부르짖을 때 어찌 30만 천주교 동포의 소리는 없느냐"고 참여를 호소하기도 했다. 그렇지만 외국 선교사들로 구성됐던 한국천주교 지도부는 일제의 강제 병합에 따른 민족의 고통과 아픔에도, 교회를 보존하고 신자들을 보호해야 한다는 정교분리 정책을 내세워 신자들의 독립운동 참여를 금지했다. 나중에는 신자들에게 일제의 침략 전쟁에 참여할 것과 신사 참배를 권고하기까지 했다. 이에 대해 한국천주교 주교회의 의장 김희중 대주교는 3·1운동 100주년 기념담화를 통해 천주교회의 '신자 독립운동 참여 금지' 조치 등에 대해 '잘못'이라며 사과했다.[26]

당시 기독교인 수는 겨우 20만 명으로 전체 인구의 1.3퍼센트였다. 천도교는 약 3백만 명으로 열 배가 넘었다. 전체 국민의 1.3퍼

---

26 한겨레신문, 2019. 2. 20, 2020. 4. 24; 가톨릭신문, 2019. 2. 19.

센트에 불과한 기독교인들에게서 16인의 대표가 나왔다는 것은 기독교가 숫자에 관계 없이 우리 사회에서 얼마나 영향력이 있고 신임을 받고 있었는가를 단적으로 보여 주는 대목이다. 물론 기독교가 아니고서는 전국적인 조직망이 없었다. 천도교당과 사찰이 있었지만 교회처럼 일정한 집회 시간이 없었다. 교회는 정한 회집 시간이 있었기에 예배 시간을 이용해서 정보를 주고받으며 일본 순사들의 감시를 벗어날 수 있었다. 그러다 보니 기독교가 소수이면서도 만세운동을 주도할 수 있었던 것이다.

조선의 3·1운동이 세계사에 빛나는 운동이 된 것은 한국 교회가 중심을 이룬 무저항, 비폭력운동이기 때문이다. 무력으로 총을 들고 대적하고 싸우면 진정한 시민운동이 아니다. 만약 총을 들고 싸웠다면 3·1운동의 정신은 많이 퇴색되었을 것이다. 독립운동으로 체포된 사람의 22퍼센트, 복역수의 77퍼센트가 기독교인이다. 교회당 12개, 장로교학교 8개가 파괴되었다. 시위 중 총에 맞아 죽은 기독교인이 41명, 매를 맞아 죽은 기독교인이 6명이다. 체포된 신자가 3,804명, 그 중 목사 장로만도 134명이다. 당시 목사 장로 총수가 1,029명이었는데 체포된 목사 장로는 13퍼센트에 이른다. 피감자 51퍼센트가 기독교인이다.[27]

이상규 교수는 한국 기독교학술원 제52회 학술공개세미나에서 '3·1운동과 기독교'를 발표했다.

---

27 손봉호, 《고상한 이기주의》, 규장문화사, 1998.

"특히 주목할 점은 여성 피소자 가운데 기독교인이 471명으로 전체의 65.6퍼센트를 차지했다. 이들 여성은 대부분이 기독교학교 교사나 학생, 전도부인들이었다. 이들 다수의 기독교 신앙을 가진 여성들이 만세운동에 적극적으로 참여한 것은 기독교회의 여성교육과 그 결과로 근대적 민주의식을 배웠기 때문일 것이다. 그 한 가지 사례가 부산에서 일어난 최초의 만세운동이 일신여학교 교사와 학생들로부터 시작되었다는 사실이다."

이런 사정으로 보아 기독교는 서구 문명을 들여와 선진화하는데 결정적인 영향을 미쳤다. 나라가 망하게 되었을 때는 목숨을 걸고 일어나 민족의 희망 종교가 되었다. 민족의 지도자 조만식, 이상재, 이승훈, 이승만은 장로였고, 김구는 집사였으며 1896년 독립협회를 조직한 안창호, 서재필, 윤치호와 부임하는 일본 총독에게 폭탄을 던졌으나 불발로 미수에 그친 강우규 의사 등 많은 독립 운동가들이 기독교인이다. 여운형, 김규식처럼 좌파거나 중도 좌파인 사람들도 기독교인이다. 물론 이들 중에는 순수한 기독교인도 있지만 교회 조직을 이용해 독립운동에 활성화를 꾀하자는 정치적인 계산에서 들어온 사람도 많았다.

유관순, 나라에 바칠 목숨이 하나밖에 없는 것이 슬픔

당시 17세의 유관순 열사는 기독교 가문에서 나고 자랐다. 이화여자고등보통학교 1학년 재학생으로 3월 1일 탑골공원에서 시

작된 만세운동에 친구 몇 명과 합류했다. 독립운동자금을 모아 보
내라는 선배의 지시에 고향으로 내려갔다가 직접 만세운동을 하
자는 데 의견을 모으고, 4월 1일 아우내 장날 3천여 명을 모아 거
사를 벌였다. 천안 병천면 출신 할아버지 유윤기는 미국인 감리교
선교사 케이블이 주도한 부흥사경회에 참석했다가 기독교를 받아
들였다. 이어 종과 머슴을 풀어주며 봉건계급 철폐에 앞장섰다.

　1919년 4월 유관순과 집안사람들이 병천 아우내와 공주읍 독립
만세 시위를 주도하다 일가가 멸족된다. 어머니 이소제가 현장에
서 숨졌고 아버지 유중권은 머리와 옆구리에 중상을 입고 집으로
옮겨졌다가 이튿날 숨졌다. 숙부 유중무, 오빠 유우석은 투옥됐다.
사촌들도 일제로부터 갖은 괴롭힘을 당했다. 그럼에도 유관순 가
문은 끝까지 신앙과 독립의지를 굽히지 않았다. 할아버지 유윤기
가 죽었을 때 전통방식으로 장례를 치르자는 집안사람들에 맞서
유관순 집안은 기독교식 장례를 고수했다고 조선총독부에 보낸
보고서에 나온다. 그만큼 유관순 가문은 철저한 기독교 집안이다.

　서대문 형무소에 수감된 유관순은 옥중에서 계속 독립 만세를
외치다가 모진 고문을 당했다. 5년 형을 받고 지인들의 도움으로
항소하여 3년 형이 떨어졌으나 "조선천지가 감옥이거늘 어디에
내가 있을 데가 있느냐"는 말로 고등법원에는 항소하지 않았다.
3·1운동 1주년 때는 옥에서 다시 독립 만세운동을 주도하고 고문
을 받다 방광이 파열돼 옥중에서 숨을 거둔다. 그의 나이 꽃다운
만 18세였다. 그녀는, "내 손톱이 빠져나가고 귀와 코가 잘리고 내

손과 다리가 부러져도 그 고통은 이길 수 있으나, 나라를 잃어버린 그 고통은 견딜 수가 없습니다. 나라에 바칠 목숨이 하나밖에 없는 것이 이 소녀의 유일한 슬픔입니다"라는 유언을 남겼다.

이처럼 기독교가 없는 3·1운동은 상상할 수조차 없다. 지금 우리 사회 일각에서 일고 있는 안티 기독교는 다수의 공을 일부러 무시하고 소수의 과실만을 공격하는 상당히 편파적인 태도를 취한다. 자신들의 입맛에 맞게 진실을 외면해 버리려는 것은 대한민국이 뒷걸음질을 하는 불행한 퇴행이다.

왜 기독교였을까

기독교가 소수이면서도 3·1운동의 중심에 서게 된 것은 사회개혁 성향이 강했기 때문이다. 몇 가지로 요약해 본다.

첫째, 한국 교회는 구한말의 유교 문화를 변혁시켜 나가려는 역동성을 보였다. 사람은 모두 평등하다는 성경의 가르침을 실천했다. 유교적 신분제도를 철폐했으며 술과 담배를 끊고 노름과 축첩을 죄악시했다. 백정이 장로가 되고 머슴이 장로가 되고 주인은 머슴과의 장로투표에서 떨어졌지만 조금도 흔들리지 않았다. 김제 금산교회 조덕삼 집사(후에 장로)와 머슴 출신 이자익 장로(후에 목사)의 이야기이다. 이런 기독교의 힘 앞에 세상은 희망을 보았던 것이다.

둘째, 한국 교회는 원수 사랑을 실천하여 선교의 길을 넓혔다. 소래교회 서경조 장로는 기독교를 반대하고 선교사들을 국외로 추방하려 했던 동학 주모자 이기선의 구명운동을 벌여 참형 직전 사형장에서 극적으로 구출했다. 이 용서의 사건으로 이씨 문중이 주님께 돌아오고, 조카 이승철은 훗날 소래교회의 2대 목사로, 장남은 소래교회의 장로로, 3남 역시 장로가 되어 교회를 섬겼다. 이 사건은 동학란을 피하여 소래에 왔던 사람들과 황해도민들에게 큰 감화를 주어 많은 사람이 주님의 품으로 돌아와 소래교회의 성장을 촉진하는 계기가 되었다. 초창기에 이런 일들이 비일비재했다.

셋째, 한국 교회는 민족독립운동의 중심지로서 정신적 지주가 되었다. 찬송가도 전투적인 한국적 찬송가를 만들어 불렀고 민족정신을 강조하는 출애굽기와 에스더를 많이 설교했다. 3·1운동이 일어났을 때는 목숨을 걸고 앞장섰다. 이것이 국민들에게 감동이 되었다.

넷째, 한국 교회는 자기희생이라는 기독교의 기본 정신대로 살아가려는 각오가 있었다. 초대교회사에는 그리스도인이 청빈하게 살았기에 탐관오리들이 교회가 있는 마을에는 오지 않으려 했다는 기록이 있다. 뇌물도 없고 못된 짓도 못했기 때문이다. 그만큼 교인들이 정직한 삶을 살았던 것이다. 자기희생이 없이는 불가능한 일이다.

다섯째, 한국 교회는 여성들을 키워 냈다. '초기 한국 교회 여성의 위치와 역할'을 주제로 교회갱신협의회 여성위원회가 개최한 세미나(2024. 4. 1)에서 양현표 총신대학교 신학대학원 교수는 "여성이 없었다면 오늘의 한국 교회는 없었을 것"이라며 "초기 교육받은 기독교 여성의 활동이 없었다면 복음 전파부터 사회 개혁과 독립운동에 이르기까지 모든 것이 불가능했다"고 발표했다.

한국에 복음을 전한 선교사 중에도 여성이 많았다. 1884년부터 1945년까지 약 60년 동안만을 보더라도 여성 선교사 수는 1,529명, 전체 선교사의 63퍼센트에 달한다. 여성 선교사들은 조선의 여성을 무지로부터 탈출시키기 위해 여성 교육에 매진했다. 각종 교육기관, 성경공부반, 성경학교가 이때 세워졌다. 특히 전도부인으로 활약한 기독교 신여성들은 집 밖 활동이 자유롭지 않았던 여성들에게 한글을 가르치고 성경을 설명하는 교사 역할을 했다. 문맹퇴치운동, 농촌계몽운동, 금주금연운동, 절제운동, 애국운동, 국채보상운동 등도 이들의 업적으로 꼽힌다.[28] 이들로 오늘날의 한국 여성의 인권과 지위와 눈부신 활약이 있는 것이다.

지금 한국 교회와 신자들이 심각한 이기주의에 빠져 있다. 교회가 다시 민족의 희망, 대안이 되려면 끊임없는 교회 내부의 개혁운동, 사랑을 실천하는 일, 위험한 민족주의를 버리고 세계평화와 함께하는 민족애, 이기주의를 극복하려는 자기희생적 삶이 나타나야 한다. 나라에 대한 독립운동, 애국운동이 이제는 교회를 향한 애교운동으로 펼쳐져야 한다. 유관순의 심정으로 "한국 교회, 우리 교회에 바칠 목숨이 하나밖에 없음이 안타깝습니다!"라고 외치며 한국 교회를 위한 애교운동을 펼쳐야 한다.

---

28 국민일보, 2024. 4. 2.

어느 종교, 어느 나라 기독교가 대한민국에서처럼 짧은 역사에도 불구하고 이처럼 선한 영향력을 행사했는가. 유교가 5백 년 동안 조선을 좌지우지했어도 하지 못했던 일을 한국 기독교는 해냈다. 100년 남짓 만에 조선을 세계와 함께하는 자랑스런 대한민국으로 만드는 일에 주 역할을 한 것이다. 그처럼 위대한 교회가 '한때 위대했던 교회'로 남아서는 안 된다.

22. 교회, 나의 고민 나의 사랑

오래 전 사건이지만, 강남에 소재한 유명한 교회에서 담임목사와 부목사 간에 혈투가 벌어져 입원하는 일이 발생했었다. 사건을 다룬 주간지는 "믿음과 소망과 사랑 중에 제일은 주먹이다"라는 제목을 달았다. 비슷한 사건들이 종종 언론의 도마 위에 오른다. 교회, 노회, 총회마다 소송 사건에 휘말린다. 법원 주변에는 교회 관련 소송만으로도 먹고 산다는 말이 나돈다. 사정이 이러다 보니 교회는 세상에 소금과 빛이 아니라 세상의 야유를 받는 동네북 신세가 되어 버리고 말았다.

교회, 나의 고민

140여 년 전에 우리나라에 들어온 기독교는 앞에서 말한 것처럼 대한민국의 발전을 위해 눈부신 활약을 하면서 국민들의 희망적인 대안 종교가 되었다. 그랬던 한국 교회가 지금은 조롱의 대상이 되었다. 이제 사람들은 "나는 교회를 옮기고 싶다"가 아니라 "나는 교회를 떠나고 싶다"고 말한다. 그만큼 한국 교회는 위기 상황에 놓여 있다. 그래서 고민하는 사람들이 적지 않을 것이다.

　오래전에 이런 고민에 빠졌던 사람이 있다. 필립 얀시는 영미권 최고의 베스트셀러 작가이자 복음주의 지성인이다. 그는 근본주의 교회에서 유년시절을 보냈다. 교회는 롤러스케이트를 타지 못하게 했고 볼링을 금했다. 극장을 혐오하고 일요판 신문조차 보지 못하게 했다. 다니던 교회는 남부지역의 교회였기에 하나님의 저주로 검둥이가 되었다며 흑인들을 경멸했고 마틴 루터 킹 목사를 골수 공산주의자라고 비난했다.

　필립 얀시가 힘들었던 것은 근본주의와 율법주의였다. 성경대로 살지 못하면서 자기 의에 빠져 남의 행동을 비판하고 감시하는 모습에 질려 버렸다. 교회 안의 위선이 너무 보였다. 경건자들이 더 옹졸하고 이해심이 없었다. 하나님 앞에서 경건의 모양을 보이면서 사람들을 대놓고 무시하고 따뜻한 미소 한 번 보여 주지 않았다. 예배는 항상 무거웠으며 설교는 율법에 기초한 정죄로 가득했다. 정죄 설교를 들어 온 교인들은 은혜와 용서, 사랑보다는 서로 비난과 정죄를 일삼았다. 비(非)은혜가 예배당 안에 가득했다. 예배는 항상 풀 먹인 옷처럼 뻣뻣했고 이런 분위기에서 필립 얀시는 숨이 막혀 견딜 수가 없었다. 교회는 서로를 섬기는 영성의 장소보다는 직분을 계급화하고, 소수의 직분자들은 섬기고 응원하는 일이 아니라 결정권이 자기들에게 있는 것처럼 교회 안의 권력을 남용했다. 그는 이런 것에 회의를 느꼈다. 그리고, 고민하다 교회를 떠났다.

떠나지도 못하고 마음도 주지 못하고

한국 교회 신자들도 여러 이유로 교회를 떠난다. 교회를 비난하고 절망하면서도 떠나지 못하는 신자들도 있다. 교회도 많은데 왜 피터지게 싸우면서도 떠나지 못하는가? 어느 언론에서는 그동안 뿌린 투자금이 아까워서 교회를 떠나지 못하는 것은 아니냐고 비아냥댄다. 경조사에 내가 뿌린 돈들이 얼마인데 그게 아까워서 못 떠난다는 것이다. 자존심 상하지만 그런 지적이 영 틀린 이야기도 아니어서 얼굴이 화끈거린다.

지금 한국 교회 안에서, 특히 젊은이들 중에서 이런 고민에 빠져 있는 분들이 상당수이다. 교회가 잘못해서, 목사가 헌금을 유용하거나 횡령해서, 성적 추문으로 교회를 떠나기도 하지만 사실 젊은이들이 고민하고 교회를 떠나는 이유는 대형 악재들보다는 앞에서 필립 얀시가 고민했던 근본주의, 위선, 비은혜, 계급구조를 이루고 있는 직분 중심의 교회관 때문일 것이다.

한국 교회가 영성의 장소가 아니라 같은 직업, 신분 상태, 학벌 중심의 끼리끼리 친교와 교회 안에서 종교 권력을 행사하는 비은혜적인 모습들이 젊은 신자들을 힘들게 한다. 그래서 '굳이 꼴 보기 싫은 모습들을 보면서까지 교회를 다녀야 하나?'라는 생각에 가나안 성도가 되고 코로나 3년이 만들어 낸 영상예배 신자들이 되어 교회와는 담을 쌓아 버린다.

무신론 철학자 프리드리히 니체는 부친은 루터교 목사이고 모친은 목사의 딸이다. 그는 예수 그리스도라는 '사람'에 대해서는 존경심을 표하되, 그의 이름으로 성장한 기독교라는 종교는 혹독하게 비판했다. 왜 그렇게 기독교를 비판하냐, 물었더니 "그들이 조금만 더 구원받은 사람들처럼 보인다면 나도 그들의 구원을 믿겠소"라는 말로 교회 안의 위선과 허위를 지적했다. 교회 안의 사람들을 밖으로 내쫓는 것은 대형악재들이 아니라 교회 안의 사람들이라는 것이다. 이런 신자들의 마음을 백번 이해하면서도 교회론을 제대로 알았다면 고민은 하되 떠나는 일까지는 없지 않았을까, 하는 아쉬움이 더 크다.

바울은 에베소서에서 교회가 무엇인가, 즉 교회론을 말한다. 초대교회에도 별의별 인간들이 모였다. 바울이 4장에서 "거짓을 버리고 각각 그 이웃과 더불어 참된 것을 말하라"(25절), "해가 지도록 분을 품지 말고 마귀에게 틈을 주지 말라"(26-27절), "도둑질하는 자는 다시 도둑질하지 말고 돌이켜 가난한 자에게 구제할 수 있도록 자기 손으로 수고하여 선한 일을 하라"(28절), "더러운 말은 너희 입밖에도 내지 말고 오직 덕을 세우는 데 소용되는 대로 선한 말을 하여 듣는 자들에게 은혜를 끼치게 하라"(29절), "성령을 근심하게 하지 말라"(30절), "모든 악독과 노함과 분냄과 떠드는 것과 비방하는 것을 모든 악의와 함께 버리고 서로 친절하게 하며 불쌍히 여기며 서로 용서하기를 하나님이 그리스도 안에서 너희를 용서하심과 같이 하라"(31-32절)라고 말하며 연거푸 책망하고 권면한다.

에베소교회 안에 지저분한 사람들, 성화되지 못한 사람들이 있었지만 이런 신자들로 교회가 본질을 잃고 비은혜의 종교기관이 되고 분열이 일고 고민도 되지만 바울은 1장에서 이들을 "에베소에 있는 성도들과 그리스도 예수 안에 있는 신실한 자들"(1절)이라 부르며 껴안는다. 교회 안에 있는 어쭙잖은 사람들을 '성도'와 '신실한 자'라 불러 주며 그들을 향한 기대와 사랑을 포기하지 않았다. 왜 그랬을까? 교회는 그저그런 종교 집단도, 예배당도 아니고, 하나님의 교회요 예수 그리스도의 몸이기 때문이다.

나의 사랑, 나의 교회

필립 얀시도 교회를 떠나면 홀가분한 줄 알았다. 인종차별, 계급화, 위선과 가식, 사방이 비은혜로 가득 차고 종교집단으로 조직화되어 가는 교회를 떠나면 마음 편하게 하나님을 섬길 수 있을 줄 알았는데 교회를 떠나니까 하나님의 은혜도 고갈되어 버리는 체험을 하게 된다. 그것은 교회 안에서 고통당하는 것보다 더 힘든 일이었다. 필립 얀시는 그래도 교회가 아니면 은혜를 공급받을 수 있는 곳이 없음을 서서히 알게 된다.

어느 목사가 길을 가다가 한때는 그 교회 집사요 성가대 지휘까지 했던 사람을 만났다. 그 집사는 시험에 들어 교회를 떠난 후에는 일절 다른 교회도 나가지 않았다. 한 교회에서 시험에 드는 사람들을 보면 문제를 일으킨 당사자는 남아 있는데 관계도 없는 사람이 공연히 시험에 들어 떠나는 일이 있다. 잘못은 남이 저지르고 시험은 내가 들어 믿음에 손해를 보는 것이다. 그 사람의 말이다. "교회 다닐 때에는 은혜라는 게 뭔지 몰랐습니다. 교회를 다

니지 않으니까 죄에 대해서 문호가 개방되더군요. 말씀을 들을 때
는 그래도 그게 제 마음을 붙들어 주었나 봅니다. 교회를 끊고 그
런 게 없다 보니 이 모양이 되었습니다."

　이런 신자들이 우리 주변에 많다. 다시 들어오지도 못하고 아
예 떠나지도 못한다. 교회를 비난하면서도 교회를 그리워한다. 가
나안 신자, 영상예배 신자로 살면서 기독교인이라고 해보지만 뭔
가 늘 부족한 느낌이다. 이들이 다시 돌아올 수 있도록 한국 교회
가 교회다움을 빨리 회복해야 한다. 그래야 떠났던 성도들이 돌아
올 수 있는 명분이 서는 것이다.

하나님만이 예배의 관객이다

　필립 얀시가 비난과 방황 끝에 교회로 돌아올 수 있게 된 것은
시카고 도심에 있는 라살 스트리트교회에 출석하면서이다. 이 교
회도 예배 스타일을 두고 갈등했고 재정 문제로 고민했으며 헌신
되지 못한 중직자들이 혼재되어 있었다. 완전한 교회가 아니었다.
그럼에도 그는 13년을 라살교회에서 보내면서 교회가 어떤 모습
이 될 수 있고 어떤 모습이 되어야 하는가를 배운다.

　라살교회의 장점은 유쾌한 다양성이다. 교회는 시카고에서 가
장 부하고 가난한 동네의 중간에 위치했다. 부자와 극빈자들이 어
우러진 교회, 배운 사람들과 그렇지 못한 사람들이 뒤섞인 교회는
다양한 사람들끼리 잘 어울렸다. 가난하다 멸시하지 않고 부자라
고 눈꼴 사나워하지도 않았다. 있으면 더 내고 없으면 도움을 받

으면서 우정을 나누었다. 그들에게는 예수님을 믿는 공통점이 먼저였고 각자의 차이점은 나중이었다. 공통점을 중시하니까 차이점에도 불구하고 교회를 사랑하게 되었다. 교회는 '신비로움과 어수선함이 대등하게 공존하는 곳'임을 인정하게 된 것이다.

라살교회에서 은혜를 회복하면서 필립 얀시는 하나님이 세상을 구원하기 위해서 유일하게 교회를 선택하셨다는 사실을 더욱 확신하게 된다. 교회의 가르침이 무겁고 비은혜적인 요소들로 교회를 떠나게 되었지만, 그는 은혜를 받을수록 교회를 떠난 가장 큰 요인은 자신에게 있음을 알게 된다. 교회를 보는 내 시각, 교회의 본질에 대한 나만의 고정된 해석이 교회를 떠나게 만들었다는 것이다. 전에는 비판적인 소비자 정신으로 교회를 대했고 예배를 공연으로 보았다. '내 마음에 드는 걸 내 놓아라' '나를 즐겁게 해 달라' '설교를 재미있게 해 달라' 같은 요구들이 채워지지 않을 때 교회를 비판하게 되는 것이다.

덴마크 철학자 키에르케고르(S. Kierkegaard)는 교회를 극장으로 생각하는 사람들이 있다고 지적한다. 목사는 무대에 있는 배우로, 자신들은 객석에 앉은 관객으로 본다. 배우가 연기를 잘 하면 박수를 치고 못하면 시시하다, 은혜가 없다, 은혜를 못 받았다면서 실망한다. 그러나 교회는 극장의 반대이다. 교회에서는 하나님만이 예배의 관객이시다. 무대 위의 목사, 사역자는 대사를 읽어 주는 보조자이다. 누가 공연해야 하는가? 바로 나 자신이다. 그러므로 예배를 마치고 돌아갈 때 나는 '무엇을 얻었는가?'가 아니라 '하나님이 기뻐하셨는가?'를 물어야 한다. 강단을 넘어서서 위를 보아야 하고 나를 넘어서서 하나님을 보아야 한다.

교회가 존재하는 주된 이유는 하나님을 예배하게 하는 것이다. 예배에 실패하면 교회도 실패한다. 그러기에 구경꾼에서 겸손히 내려앉아서 하나님을 기쁘게 하는 연기자들이 되어야 한다. 예배의 선수들이 되어야 한다. 이걸 안다면 교회의 문제가 크게 작아진다. 어느 교회에서든 하나님을 바라볼 수 있기 때문이다. 경건한 신자들이 실수하는 이유가 여기에 있다. 그들은 교회를 자기 수준에 맞추려고 한다. 교육 수준, 생활 수준, 성경 지식에 맞추다가 비위에 맞지 않으면 교회를 비판한다. 필립 얀시도 그랬다. 그는 최고의 지성인이다. 그래서 자기와 수준이 비슷한 사람들을 기대하느라 정작 자기 안의 자기 의와 자기 죄를 놓쳤던 것이다.

라살교회에서 은혜를 받다

라살교회에서 그의 교회관은 깨어진다. 라살교회는 별의별 사람들이 다 모인 곳이다. 처음에는 그 무례함 때문에 신경이 거슬려 예배를 드릴 수가 없었다. 그러나 교인들의 유쾌한 다양성 속에서 위를 볼 뿐만 아니라 옆과 주의를 둘러보는 법을 배우게 된다. 나와 다른 스타일의 사람들에게서 너무도 배울 점들이, 도와줄 일들이 많았다. 그도 하나님의 의도에 힘을 보태기로 작정한다. 그런 교회생활이 비판적인 시각에서 옹호하는 마음으로 변한다. 그리고 교회를 사랑하게 된다. 근본주의 교회는 선교를 많이 했지만 지역 선교에는 별로 관심을 기울이지 않았다. 라살교회는 지역을 섬기는 교회였다. 극빈층을 돕고 노인프로그램을 운영하고 배움의 기회를 놓친 사람들을 도울 방안을 연구하고 실천하면서 그리스도인의 사랑을 보였다. 밖을 내다보는 교회의 일원이 되어 필립 얀시의 교회 사랑은 성장한다.

필립 얀시가 교회를 사랑하게 된 질문은 이것이다. "교인들이 다 나 같으면 교회가 어떻게 될까?" 당연히 마음이 겸허해졌고 당연히 자신의 영성에 집중한다. 교회 안의 위선을 최종적으로 판단하실 이는 하나님밖에 없음을 인정한다. 교회를 향한 판단은 하나님께로 넘겼다. 그랬더니 마음이 너그럽게 되고 모두를 수용하게 되었다. 그래서 《교회, 나의 고민 나의 사랑》(IVP. 2019)을 쓸 수 있었다.

바울은 "우리는 그리스도 예수 안에서 은혜의 풍성함을 따라…"(엡 1:7)라고 말한다. 하나님의 은혜가 풍성하기에 이곳에서 각종 죄인들, 살인자들, 창기들, 위선자들이 구원을 얻고 회개했다. 그 은혜가 제주도 어촌 구석에 살았던 나에게까지 미칠 정도이니 얼마나 풍성할까? 이 풍성한 은혜를 간직하고 있는 기관은 교회 밖에 없다.

교회는 은혜의 저장소이다. 그래서 사람들이 은혜를 얻으려 교회를 찾아왔다가 비은혜의 공동체로 변질된 것을 알고 실망하고 떠난다. 떠난 후에는 교회 비판자가 된다. 물론 교회는 불완전하다. 구성원인 우리가 불완전하기 때문이다. 우리가 완전한 교회를 찾으려 한다면 죽을 때까지 찾지 못하고 교회 유랑민이 될 것이다. 만약이라도 완전한 교회가 있다면 당연히 우리는 들어갈 수 없다. 우리가 불완전하기 때문이다.

한국 교회, 교회다움을 회복하자

이태형은 칼럼 "교회, 나의 고민 나의 사랑"에서 교회에 대한 희망을 버리지 말자고 호소한다.

"… 한국 교회라는 큰 배가 낡아서 삐걱거리고 흔들린다. 그러나 기억하자. 결국 그 배는 목적지까지 잘 간다는 사실을. 보수할 투성이인 낡아 빠진 배와 한심해 보이는 선원들(일등 항해사이건, 삼등 항해사이건)에 실망하더라도 목적지에 가려면 그 배를 타야 한다는 것을. 그배에는 흠 많은 선원들과의 '위험한 도박'을 회피하지 않는 사랑의 선장이 계시다. 그 선장에 대한 신뢰가 확실하다면, 그 선장의 능력을 알고, 그를 사랑까지 한다면 배 안에서 어떤 일이 일어나도 배를 떠나지는 않는다. 그래서 결국 목적지에 도달한다.

마침내 목적지에 도달한 그날, 항해 도중 일어난 모든 고통과 쓰라림까지도 섭리의 일환이요, 은혜의 조건이었다는 것을 깨닫게 된다. 험난한 파도 속에서 낡디 낡은 배를 타고 '영혼의 깊은 밤'을 보내면서도 선장을 '끝까지' 의지했던 수많은 선배 승선객들을 그 목적지에서 보게 된다."[29]

그렇다! 한국 교회라는 배가 삐거덕대고 있다. 영국을 비롯한 유럽의 기독교는 천 년 이상을 항해했지만 지금은 구원선의 용도를 잃어버렸다. 미국이라는 배는 250년을 항해하고 있고 아직까지는 나름 제 몫을 감당하고 있다. 한국 교회는 140여 년 항해를 하면서 쾌속정으로 달려온 것만큼 탈도 많고 말도 많다. 그래서 삐거덕거리는 부분이 한두 곳이 아니다.

그럼에도 우리는 한국 교회를 사랑해야 한다. 은혜의 기관은 교회밖에 없기 때문이다. 은혜로 구원받았으니 은혜를 방출하기 위해 다시 교회와 함께해야 한다. 지난 날 한국 교회는 얼마나 위대했던가! 우리가 그 안에서 받은 사랑을 교회 안에서부터 실천해야 한다. 내가 사랑하는 만큼 한국 교회는 교회다움을 회복하면서 사랑을 받는 여인처럼 빛나게 될 것이다.

---

29 국민일보, 2011. 1. 14.

23. 비난을 멈추고 느헤미야의 영성을 되찾자

기독교를 향한 세상의 오해

사실 기독교에 대한 비판이 새삼스러운 것은 아니다. 기독교가 출현한 역사 이래 유일신을 숭배하는 기독교 자체에 대한 비판, 그리고 교회 공동체에 대한 비판은 늘 있어 왔다. 비판의 유형으로는 신학이나 교리에 대한 내용이나, 성경 내용에 대한 내용들이다. 정권 유지에 걸림돌이 되는, 기독교를 핍박하는 역사들도 무수하게 많았다. 하지만 그런 공격들은 기독교를 무너뜨리려는 의도와는 달리 오히려 더 강한 기독교를 만들어 냈고 교회의 순결을 가져왔다. 그래서 "순교자의 피가 교회의 씨앗이다"(터툴리안)라는 말이 나온다.

한국 교회에 대한 비판의 상황은 다르다. 교리나 믿음보다는 교회나 교인들의 행실에 대한 비난이 대세이다. 여파가 대중적이다 보니 전국민의 비호감 종교로 굳어져 가는 상황이다. 목회자들의 일탈, 범죄, 헌금 횡령, 일방적 목회 세습, 당회, 신자의 분쟁 등으로 교회는 문제투성이라는 기사들이 인터넷상에는 넘쳐난다. 여기에 이단들의 사고, 사건까지 교회가 뒤집어쓴다.

기독교윤리실천운동이 발표한 '2023 한국 교회의 사회적 신뢰도' 조사 결과 '목사의 말과 행동에 믿음이 간다'는 항목에 '긍정'은 20.8퍼센트, '부정'은 74.6퍼센트로 나타났다. 이는, 2020년 같은 조사결과(긍정 30.0퍼센트, 부정 68.0퍼센트)보다 긍정은 줄고 부정은 늘어났다.

상황이 이러니 한국 교회의 추문과는 별개로 기독교가 욕을 먹게 되는 일이 많다. 동성애는 오히려 유교, 불교, 천주교가 반대해야 할 것 같은데도 기독교만이 반대 목소리를 내는 상황이다. 한국 교회 동성애 반대는 동성애자 개인이 아니라 동성애 그 자체이며, 동성애를 사회와 정부가 제발 권장하지 말라는 것이다. 동성애는 성경의 가르침에서 벗어나는 일이다(레 18:22; 롬 1:26-27). 청소년들이 동성애를 미화하는 드라마를 보게 되면 자칫 동성 간 관계를 경험할 수 있고, 그렇게 되면 신체 기능이 망가질 뿐 아니라 인생 대부분을 두려움과 죄의식에 빠져 살아가게 된다. 이에 한국 교회는 '거룩한 방파제' 역할을 하려고 반대하는데, 세상의 시선들은 광신도들처럼 동성애자들을 처단하려 한다고 오해한다.

포괄적 차별금지법(평등법)도 기독교가 욕을 먹게 만드는 역린(逆鱗)이다. 차별금지법, 평등법이라는 멋진 제목 앞에 한국 교회가 반대하는 까닭은 내용들이 일반 국민들에게 제대로 전달되지 못하고 있기 때문이다. 사실 '차별'은 하나님이 주신 인간의 존엄을 파괴하는 악한 일이다. 그런데도 기독교가 성(性)차별, 학력차별, 인종차별, 지역차별, 종교차별을 반대한다고 세상이 알고 있는 것이다.

한국 교회처럼 인간의 존엄과 평등에 앞장선 종교나 단체도 많지 않다. 한국 교회가 반대하는 것은 차별금지법이라는 그럴듯한 구호 속에 숨어 있는 역차별, 독소조항들이다. 개인의 자유가 차별금지법에 의해 침해 받은 외국, 특히 영국에서의 사례들을 살펴보면 목사가 동성애자 결혼식을 거부하여 고소당했다. 거리에서 전도한 목사가 체포당했다. 무슬림 직장 동료에게 기독교 서적을 주었다는 이유로 징계 조치를 당했다. 의사가 말기암 환자에게 손쓸 수 없는 상황이니 하나님께 소망을 두라 조언하고 간호사가 환자를 위해 기도해 주었다가 해고당했다.

한국기자협회는 2011년 인권보도준칙에 따라 성소수자에 불리한 내용을 기사화하지 않고 국가인권위원회는 친동성애 정책 언론보도준칙을 만들었다.

포괄적 차별금지법, 숨어 있는 무서운 악법

이건 지금 드러난 일부의 사례에 불과하다. 국회에서 차별금지법이 통과되면 교회가 동성애자나 찬동자인 교역자를 거부하면 차별금지법에 위배되고 사임 권고도 못한다. 성전환 남자가 여학교 기숙사에 배정된 것을 거부하면 차별이다. 성전환 남성이 여자 축구선수로 뛰는 것을 반대하면 차별이다. 강단에서 예수만이 구세주라고 하면 종교 차별이다. 동성애가 죄라고 설교하면 집단 소송을 당하고 예배당 전 재산이 배상액으로 사라질 수도 있다. 차별금지법이 통과된 이후에는 이렇게 무시무시한 일들이 발생한다.

그럼에도 차별금지법을 법률로 제정하려는 사람들은 위의 사례들을 허위정보라 몰아붙인다. 색칠을 잘하는 재주가 있어 국민들이 차별금지법의 한두 가지의 대표상품만 보고 찬성하도록 유도한다. 차별하지 말자는 데 반대할 사람이 누가 있을까. 눈가림이다.

차별금지법제정반대전국교수연합에 이름을 올린 교수 1,912명은 2021년 6월 16일 기자 회견을 열어 "차별금지법은 학문과 양심의 자유를 침해하고, 사회체제를 바꾸려는 법"이라면서, "해당 법을 강력히 반대하며, 발의를 즉각 중지하라"고 요구했다. 차별금지법을 반대하는 전문인들의 성명서 발표 및 기자회견도 국회 앞에서 이어졌다. 2021년 6월 2일 의사와 치과의사 1,500여 명을 시작으로 한의사, 약사 및 간호사 2,500여 명의 반대 성명서 발표가 있었다(9일). 6월 16일에는 전국 교수 1,900여 명이 반대 성명서 발표가 있었다.

"포괄적 차별금지법 안에 어마어마한 음모와 마귀의 계략이 담겨 있는 것을 우리가 잊어선 안 된다. … 이것은 우리의 목숨을 던져 막아 내야 할 것이다. 이게 27쪽 짜리인데 57항이 있다. 그 안에 뭐가 들어 있는지 아무도 모른다. 모르니까 '차별 금지'란 단어만 보고 좋아하는 것이다." (광주성시화운동본부이사장 채영남 목사)

조영길 변호사는 차별금지법이 얼마나 무서운 법인가를 구체적으로 지적한다.

"차별금지법은 동성애자 반대 탄압법이다. 이를 비판하면 시정 권고 내리고, 3천만 원 한도로 이행강제금을 계속할 수 있고, 정신적 고통을 호소하면 위자료를 주어야 하는데 최소가 500만 원이다. 1인당 500만 원이라고 할 때 10명이 호소하면 5천만 원, 100명은 5억 원이다. 동성애 지지자들이 동성애 반대자들의 재산을 노략질하는 무서운 악법은 막는 것이 정상이다."

신앙보다 신념이 우선되는 시대

세상은 점점 교활하고 사나워지고 있다. 기독교는 활동 반경이 좁아지고 있다. 진보와 보수가 대결하는 정치 상황도 한국 교회를 한 곳으로 내몰거나 오해 소지를 만들어 낸다. 내 편 중심의 정치적 주장과 자기 성향의 대표기도 때문에 신자들이 교회를 떠난다. 교인끼리도 지지하는 정당이 달라 마음을 숨기고 산다. 목사가 동성애나 차별금지법을 반대하는 설교를 하면 지지정당을 공격하는 것으로 알고, 수십 년 다닌 교회를 미련 없이 떠난다. 그러면서 교회가 보수 편을 든다고 비난하고 다닌다. 교회 다니면서 안티가 되기도 한다. 신앙보다 신념이 우선되는 시대에 한국 교회는 이편에서도 적을 만들고 저편에서도 적을 만든다.

한국 교회에 대해 비난을 거드는 사람들이 있다. 이단들은 익명에 숨어서 좋지 않은 사건이 일어날 때마다 "개독교"니 (목사를 두고)

"독사"니 원색적으로 한국 교회를 비난하고 나선다. 여기에 일부 가나안 교인들도 이단들과 관계없이 한국 교회 훼손에 일조한다.

한국갤럽이 실시한 '종교생활과 신앙의식 조사'(2023. 2)에 의하면 현재 우리나라 기독교 인구는 전체 인구 5,143만 명 중 771만 명(15.0퍼센트)으로 추정된다. 이 중 교회 출석자는 545만 명, 가나안 성도는 226만 명이다. 가나안 교인들은 꾸준히 증가하고 있는데 5년 전에 벌써 250만 명으로 보는 시각도 있다(서울신문, 2019. 10. 15).

가나안 교인들은 교회 자체를 부정하는 것은 아니지만 교회가 싫은 사람들이다. 교회 조직이 싫고 공동체가 싫어서 혼자 신앙생활을 하겠다는 것이다. 믿음을 버리지는 않아서 언제라도 교회로 돌아올 수야 있겠지만, 현재로서는 대부분이 가견적 교회를 부정한다. 무교회주의자들은 나름대로 조직과 모임을 갖는데, 가나안 교인들은 나 홀로 믿음생활이다. 그러다 보니 본인들이 알게 모르게 '자기 의'가 강하다. 교회는 나가지 않지만 내가 너희보다 조금도 못한 것이 없다는 생각으로 교회를 비판한다.

교회는 결코 완전한 의인들의 모임이 아니다. 구원받은 죄인들의 모임이다. 그런 사람들이 구성원이기에 교회는 늘 죄로 오염될 수 있다. 이런 현실을 무시하고 완전한 교회만을 주장하며, 교회를 배격하려 한다면 오만일 수도 있다. 이단들과 안티 세력들은 일반인으로 가장해서 행세하기에 인터넷을 달구는 교회에 대한 비난의 흐름은 하나의 '대세'로 자리를 잡게 된다.

한국 교회는 이런 버거운 대상들의 공격도 힘들지만 탈종교, 무신론의 강세, 포스트모더니즘, 인본주의가 강세를 보이는 21세기에는 결혼, 이혼, 혼전 순결, 동성애, 여성운동, 낙태… 어느 하나도 기독교에 우호세력이 없다. 사방으로 우겨 싸임을 당하는 현실과 마주하게 된다.

사실 이런 일들이야말로 기독교가 존재해야 하는 이유이다. 기독교는 이런 일에 브레이크를 걸어야 하고 또한 앞으로 나가야 하는 사명이 있다. 이런 공격들은 로마제국 시대 네로 황제를 비롯한 공권력의 핍박에 비하면 아무 것도 아닐 수 있다. 우리가 정신만 바짝 차리면 견디어 낼 수 있고, 설령 오늘은 실패한다 해도 역사는 기독교의 승리로 끝나게 되어 있다. 지난한 세월에서 하나님의 역사는 그럴 수밖에 없음을 우리에게 보여 준다.

성도여, 자학을 멈추고 개혁의 길을 가길

그런데 정작 한국 교회에 치명상을 주는 일들은 정상궤도를 벗어난 비정상적인 일탈들 때문이다. 10대 청소년들을 대상으로 그루밍 성폭력을 저지르고 면직된 목사 한 사람의 일탈로 한국 교회는 치욕적인 공격과 비난거리가 되었다. 입양한 8개월 여아에게 학대를 가하여 16개월의 어린 나이에 사망하게 만든 끔찍했던 사건의 양부모가 기독교인이다. 관할 서장이 경질되고 경찰청장이 대국민 사과를 했을 정도로 국민적 공분이 컸던 사건이다. 아이의 사인은 외력에 의한 복부 손상으로 조사되었다. 양부모 모두 목회자 자녀임이 밝혀져, (언론의 과장된 일면이 있음을 짐작하면서도) 기독교의 사회적 이미지에 엄청난 타격으로 작용했다. 두 사람의 잘못으로 한국 교회가 홀트아동복지회 등을 통해 수만 명, 수십만 명의 입양을 도운 선한 역사는 국민들의 인식에서 사라지고 말았다.

작년 3·1절에 세종시의 한 아파트에 난데없이 일장기가 게양돼 온 국민의 공분을 샀다. 항의하는 시민에게 비속어로 응수하던 주민의 신분은 목사였다. 한 목사의 어처구니없는 행동으로 수십만 명의 목회자들의 선한 행위는 물론이고, 삼일절 독립선언문에 참석한 16명의 기독교인들과 만세 시위에 나섰던 한국 교회의 구국 행동은 한 장의 폐지가 되어 마구 구겨졌다.

이런 사건들은 개인 신자가 저지른 악행이지만 일반인들은 한국 교회가 저지른 일로 기억한다. 그래서 일반인은 물론 가나안 신자들, 이단들이 한국 교회를 향해 온갖 비판과 공격을 하는데도 대항할 말이 없다. 입이 열 개라도 한 말이 없는 신세가 되어 버린 것이다.

종교개혁가 칼뱅은,《기독교 강요》에서 "신자에게 교회란 어머니와 같은 것"이라 했다. 또한, "교회를 어머니같이 사랑하지 않는 자는 하나님을 아버지라 부를 자격이 없다"고 쓴다. 교회는 성도에게 어머니라는 이야기이다.

지금 그 어머니가 고통을 당하고 있다. 코로나 팬데믹 3년 동안 교회는 '공공의 적'이 되었다. 확진자가 많이 나온 교회 주변의 식당에 "당분간 기독교인은 안 받습니다"라는 치욕적인 안내문이 붙기도 했다. 회사에서는 주일에 교회 다녀온 기독교인들을 색출하기도 했다. 기독교인들이 범죄자 취급을 당하는 경우가 비일비재했다. 기독교인으로서 정말 자존심이 상하던 시절이었다.

어머니와 같은 한국 교회는 코로나 시절만 아니라 지금도 상처를 받고 있다. 걸핏하면 기독교를 욕하고 비아냥댄다. 자식들인 우리 잘못으로 어머니가 되는 한국 교회가 돌팔매질을 당하고 있다. 교회가 비판의 대상이 되니 자식들이 직장에서, 사무실에서 눈치 보고 자식들이 제대로 살지 못하니 교회가 공격을 받고 어머니와 같은 한국 교회는 얼굴을 들 수가 없다.

이럴 때 우리는 교회를 버려야 할까? 교회를 떠나 자식(신자)이 아닌 것처럼 행세해야 할까? 우리가 한국 교회를 너무 많이 비난하면 안 된다. 세상은 때리고 공격하고 돌을 던져도 우리는 그 돌을 막아서야 한다. 우리만이라도 개혁이라는 이름으로 일방적으로 공격하고 비판하기보다는 던지던 돌을 내려놓고 한국 교회를 감싸 안고 대신 회개의 기도를 하며 다시 일으켜 세우려는 눈물의 애정을 보여야 한다. 교회는 예수님의 몸이고 우리 어머니이기 때문이다. 남들이 나를 때려도 나는 내 몸을 보호해야 한다. 남들이 내 어머니를 욕해도 나는 막아서야 한다. 그게 교회이다. 싸움닭에게 당한 병아리가 속살이 드러난 상태로 집에 왔는데 형제 병아리들이 재미있다고 장난삼아 그 상처를 쪼아대면 그것이 더 아프고 상처가 크다.

조정민 목사가 강남에 교회를 개척하고 한 인터뷰 기사를 읽었다. 기자로 25년간 나쁜 소식만 전해서 이젠 좋은 소식만 전하고 싶어 목사가 되었다고 했다. 그의 한 문장이 마음에 남아있다.

"나쁜 뉴스는 절대 사람을 못 바꾼다. 더 악하게 만들고, 더 큰 불안감을 조장할 뿐이다."

그렇다! 비판만 하고 있으면 세상을 바꾸지 못한다. 비판만 하고 있으면 해답이 없다. 이제는 한국 교회를 품고 안아야 한다. 세상은 비판해도 우리는 안고 가야 한다. 하나님이 이스라엘 백성을 광야에서 안고 40년을 가셨듯이 우리도 그렇게 품고 가야 한다.

느헤미야, 하나님의 전을 버려 두지 않겠다

느헤미야는 바벨론에서 포로 생활을 견딘 동족들을 이끌고 돌아와 기득권과 싸우면서도 52일 만에 성벽을 재건한다. 이후 이방인들과 결혼한 통혼 문제를 정리하고 안식일을 성일(聖日)로 회복하자 백성들은 매년 성전세를 바치겠다는 맹세로 화답한다(느 10:32).

이런 결정은 불가피한 일이었다. 독립국가로 있을 때는 막대한 왕의 수입 중 일부로 성전 재정을 충당했으나 페르시아 정복 하에 있던 당시에는 성전 운영이 심히 어려웠다. 대우를 받지 못한 레위인들은 성전 봉사에서 이탈했다. 제사장들은 타락한 장사꾼이 되었다. 백성들은 성전이 꼴도 보기 싫고 성전이 무슨 의미가 있느냐, 반발했다. 느헤미야는 이런 문제를 해결하기 위해 해마다 세겔의 삼분의 일을 바치는 법을 만들면서 이런 다짐을 한다.

··· 우리가 우리 하나님의 전을 버려두지 아니하리라 ㄴ 10:39

이 대목을 쉬운성경은 "··· 우리는 하나님의 성전을 돌보지 않
은 채 내버려 두지 않겠습니다"라고 번역했고, 《메시지》성경은,
"··· 우리는 우리 하나님의 성전을 아무렇게나 내버려 두지 않는
다"라고 번역한다. 성전을 보수하지 않아 그 외관이 볼품없고, 제
사장의 타락으로 예배의 질이 떨어졌어도, 그럼에도 불구하고 "성
전을 버려두지 않겠다!"는 그 말에 눈물이 팍 쏟아지려고 한다.

지금 한국 교회는 상당한 어려움을 겪고 있다. 외부의 공격도
힘들지만 내부의 자학과 무관심은 더욱 힘들다. 한국 교회가 융단
폭격을 당할 때 교회에 대해 실망하고 열정과 관심을 끊어 버리면
예수 그리스도의 몸, 교회는 어떻게 될까? 우리를 키워 내고 우리
가 하나님을 예배하는 일에 크게 힘을 얻었던, 힘들고 지쳐 있을
때 위로가 되었던 한국 교회, 우리도 선언해야 한다!

"우리는 하나님의 전을 버려두지 않겠습니다!"

이 말에는 두 가지의 의미가 있다. 첫째는, 성전을 깨끗하게 하
겠다는 것이다. 여기에 개혁 의지가 담겨 있다. 둘째는, 남들이 비
난해도 성전에서 돌아서지 않겠다는 것이다. 여기에 교회 사랑이
있다.

그동안 한국 교회에 대해 비판적인 시각이 된 것은 외눈박이처
럼 나쁜 것만 보았고 세상이 가리키는 나쁜 목회자들만 보았기 때
문이다. 세상이 들추어내는 추문만 보았지 교회가 얼마나 좋은 일

을 많이 하는가는 보지 못한다. 일생을 걸고 이름도 없이 빛도 없이 희생적인 삶을 사는 목회자들은 보지 않고 세상이 보여 주고 싶어 하는 교회의 추문만 듣는다. 우리도 그런 사건들을 듣고 보고 분노하고 때로는 교인이라는 사실을 부끄럽게 여기며 살아왔다. 그러는 사이에 하나님의 전은 버려두고 만 것이다.

느헤미야는 개혁 활동을 펼쳤지만, 성전을 허는 개혁은 하지 않았다. 성전을 헐어 버리면 개혁도 뭐도 없기 때문이다. 똥오줌 묻은 아기를 씻겨 보니 대야의 물이 더러워졌다. 더러운 물을 버린다는 것이 대야의 아기까지 던져 버렸다. 그러면 아기를 씻은들 무슨 소용이 있을까?

한국 교회를 개혁한다고 교회를 뭉개 버리면 개혁은 의미가 없다. 지금은 한 손으로는 잘못된 부분을 고쳐 가면서 다른 한 손으로는 어루만지고 위로할 때이다. 그래야 건강을 회복한다. 사면초가에 빠져 있는 교회를 쪼아대면 개혁은 커녕 교회가 죽고 만다.

한국 교회가 죽고 약화되면 누구만 좋아할까? 사탄이 좋아하고 타락한 문화, 저질 문화들이 판을 친다. 내 자녀들이 피해의 대상이다. 거룩한 방파제가 필요하다. 병든 한국 교회를 때리고 욕하기 전에 우선은 건강을 회복해야 한다. 우리만이라도 욕하지 말고 나부터 바르게 살아 한국 교회의 건강과 교회 본질을 회복해야 한다.

지난 세월 65년을 교회 안에서 살아온 나는 교회가 아니면 살 수 없는 사람이다. 누가 교회를 욕해도, 욕먹을 일을 해도 교회를 버리지 못한다. 친정을 버리지 못하는 것과 같다. 교회의 아픔을 내 탓으로 알고 더 회개한다. 한국 교회가 교회다움을 잃었다 해도 교회만이 갖고 있는 복음의 능력을 기대하면서 비판과 실망보다는 기도하며 살아왔다.

교회는 교회 자체로서 위대한 곳이다. 세상이 뭐라 하든 '나의 사랑하는 교회'이다. 교회는 내 어머니요 젖줄이요 고향이다. 우리가 믿음을 개선해서 다시 시작한다면 한국 교회는 대한민국의 희망이며 대안이 된다. 역사가 그걸 증명하고 있다. 그런 기대감으로 오늘도 아픈 한국 교회를 위해 기도한다.

● **에필로그: 오랜 세월에 고마웠습니다**

모세는 긴 강론을 마쳤다. 이스라엘 백성들을 모아 놓고 연일 계속된 강론으로 많이 지쳐 있었다. 그는 흔들리는 시선으로 지나온 광야를 멀리 바라봤다. 한없이 펼쳐진 암갈색의 빛바랜 광야. 죽을 고비도 넘겼고 철딱서니 없는 백성들과 다투고 싸우느라 지치기도 했다. 광야는 종종 물 한 방울도 주지 않을 만큼 매정한 얼굴을 했다. 그래도 지나고 보니 광야가 있어 이스라엘은 선민으로 거듭났다. 아무 준비도 없이 기대감만으로 가나안에 입성했다면, 원주민들에게 오히려 먹히고 말았을 것이다.

광야가 그들을 살려 냈다. 하나님이 그들을 광야로 내몰며 매정하게 대한 것은 하나님만 의지하도록 만들기 위함이다. 이스라엘 백성은 광야에서 무섭고 배고프고 길도 없었기에 하나님만 더욱 의지할 수가 있었다. 기댈수록 광야는 조금씩 하나님의 손길과 얼굴을 보여 주었다. 그렇게 40년을 광야에서 살아 낸 것이다.

모세는 백성들을 두고 돌아섰다. 함께 가나안으로 입성하고 싶지만 하나님의 허락을 받지 못했다. 백성들에게서 등을 돌리고 싶지 않지만 거기까지였다. 헤어져야 할 시간이 된 것이다.

모세처럼 40년을 마감하며

나 역시 모세처럼 40여 년의 목회를 마감하고 돌아서려 한다. 뒤돌아보면, 모세와 백성들에게는 험한 광야의 여정이었지만 내게는 좋은 40년이었다. 한국 교회 역사에 황금기였다. 생선 모양새가 머리 쪽은 작고 가운데는 굵고 꼬리 부분은 가늘어지는 것이 한국 교회 성장의 역사처럼 보인다. 1970-2020년에 해당하는 50년이 굵은 토막으로 도드라져 있다. 목회가 되던 시대였다. 일부러 개척교회를 찾아오는 분들도 있었다. 그런 시절이었으니 나 같은 사람도 40년을 목회하다 나름 유종의 미를 남기며 마무리하게 되었다.

오랜 세월을 '나의 주 나의 하나님' 예수님과 살았다. 서귀포 중문관광단지 부근 예리마을이 나의 고향이다. 예리교회(예래교회)는 1949년 3월에 서울에서 파견된 전투경찰이 개척한 교회다. 신의주 출신 김두혁 경사는 해방 이후 공산당 간부가 되라는 말을 거부했다가 불순분자로 찍혀 홀몸으로 월남했다. 서울 영락교회에 다녔는데 1948년, 4·3사건이 발발하자 진압을 위해 서귀포로 파견됐다.

김 경사는 경찰로 재직하면서 인근 주민들을 전도했다. 초등학교 교사 정영기가 복음을 받아들이고 마을 청년들을 전도하며 예리교회를 세웠다. 감사한 것이, 하필이면 우리 집과 밭 하나 사이에 예배당을 세운 것이다. 나이가 들어서는 그 일을 두고두고 감사하며 살아왔다. 김 경사는 교세가 확장되자 사역에 집중하기 위해 경찰직을 사임하고 목사가 되었고 상경해서 목회를 하다 하나님의 부르심을 받았다. 목사님을 감사하게 생각하면서도 만나 뵌 적은 없다.

원희룡 전 제주지사의 부친인 원응두 장로님이 이웃 교회인 중문교회의 파송으로 여러 해를 우리 교회에서 전도사 직분으로 지도해 주셨다. 내게는 믿음이 자라는 행복한 시절이었다. 장로님은 국민일보(2023. 3. 23) '역경의 열매' 연재에서 나를 과분하게 소개해 주었다.

"… 이때 활동했던 학생들이 목회자가 되고, 관공서 등에서 봉사하는 일꾼들로 성장했다. 그중에서 서울 늘빛교회를 담임하고 있는 강정훈 목사는 주일학교 교사의 자질 향상과 교육 자료 제공을 목적으로 1962년 창간된 월간지 〈교사의 벗〉 전 발행인으로 타고난 글쟁이다. 어려운 시절을 잘 견디고 훌륭하게 성장해 주님의 일을 감당하는 것을 보면 감사하지 않을 수 없다."

예배당에 다니며 할머니 집사님들의 사랑을 많이 받았다. 집에서 받지 못하는 사랑을 받으니 좋아서 예배당에서 놀며 성장했다. 몸이 약했기에 어머니는 내가 멀리 가지 않고 예배당에서 노는 것을 좋아했다. 유봉선 집사님은 오막살이 방 한 칸에 사는 가난한 분이다. (그 좋은 믿음에도 집사 직분으로 봉사하다 가셨다. 요즘은 권사 직분을 너무 남발하지 않나 하는 생각이다.) 할머니 집사님은 혼자 출석하는 나를 대견하게 여기면서 보살펴 주셨다. 종종 나와 임상필(제주도의회 의원을 지냈음)을 불러 고운 쌀밥에 옥돔이 오른 밥상을 차려 주며 꼭 목사가 되라 기도해 주셨다. 보리밥 삼시세끼도 제대로 먹지 못하던 시절에 흰쌀밥은 어린 내 눈에도 정성이 보였고 고마운 순간들이다. 그런 지극한 정성과 사랑으로 오늘의 내가 있다. 객지생활을 하느라 돌아가실 때까지 고맙다는 말도 못 하고, 목사가 되고서도 그 모습을 보여드리지 못해 추억할 때마다 송구스럽다.

믿음의 선물은 죽는 순간에도 온다

하나님은 40여 년 광야에서 이스라엘을 인도하시며 먹이시며 보호해 주셨다. 모세는 "독수리 날개로 너희를 업어"(출 19:4)가면서 인도해 주셨다고 한다. 출애굽과 광야 40년 이스라엘의 역사는 출(出)제주 이후의 나의 이야기가 된다. 하나님이 객지생활 50여 년을 나를 품고 업고 여기까지 이르게 하셨으니 모든 세월이 고맙고 행복한 시간들이다.

올해로 늘빛교회가 설립 40주년이다. 화곡동 3층 상가 건물에 사택까지 들이고 시작했는데, 내 딴에는 교회가 많이 부흥했다. 예배당도 있고 주변 건물을 매입하여 도서관 카페도 만들었다. 강화도에 자연생활체험관도 건축했다. 기도의 영성이 깊은 정태훈 목사님을 후임으로 정해 놓으니 내려놓으면서도 참 안심이 된다.

더 기쁜 것은, 어디에 내놓아도 당당한 우리 성도님들이다. 하나님이 아니시면 예수 잘 믿는 이 귀한 분들과 어찌 한 공동체가 될 수 있었겠는가. 하나님이 아버지가 아니셨다면 어떻게 이런 일들이 현실로 이루어질 수 있었을까? 내게는 성도님들의 손길이 미치지 않는 곳이 없다. 발끝의 구두, 양말에서 머리 끝 안경 하나까지 믿음이 아니면 내가 받을 수가 없고 누릴 수 없는 축복들이다. 오직, 믿음이 내게 준 선물들이다. 하나님 안에서 받은 복들로 내 잔이 넘치고 있다! 믿음이 주는 축복이다. 좋은 시절에 태어나 교회 중심으로 살았던 신앙생활은 너무도 행복하다.

하나님이 무얼 더 준비해 두시는지 믿음이 주는 선물은 늘 기대가 된다. 아직도 손으로 다 꼽을 수없는 분량의 선물이 남아 있다. 죽음 앞에 서는 그 순간에조차 선물은 찾아올 것이다. 죽음은 누구도 반기지 않는, 너무 두려워서 피하려 달아나게 하는 고약한 불청객이지만 나는 그걸 하나님이 이제는 "쉬라" 하며 주시는 내 생애 마지막 큰 선물로 받을 것이다. 서른여덟의 나이에 전이성 유방암 선고를 받고 시한부 삶을 살다 40세에 하나님의 품으로 돌아간 나나 리그스(Nina Riggs)는《이 삶을 사랑하지 않을 이유가 없다》(북라이프, 2017)에서 죽음을 앞에 두고 믿음을 고백한다. "내게 믿음이란 내가 상상할 수 없는 어둠으로 가득 찬 구덩이를 겁내지 않고 똑바로 응시하는 것이다." 죽음 앞에서 지키고자 했던 평범한 일상을 담은 책을 통해 비극적 죽음이 아닌 하나의 밤을 견뎌 또 다른 밤을 맞이하기 위해 간절한 마음으로 살아낸 날들을 마주하게 된다.

영국의 생물학자 루이스 월퍼트(Lewis Wolpert)는《믿음의 엔진》(에코의서재, 2007)에서 "죽음에는 설명이 필요하고 종교가 그것을 제공한다"라고 말하지만 모든 종교가 죽음을 설명해 줄 수 있는 것은 아니다. 내게는 기독교 신앙만이 내 죽음을 설명해 줄 수 있다. 하나님을 몰랐다면 내게도 죽음은 두려운 순간이다. 하지만 나는 그리스도 예수 안에서 죽을 것이다(살전 4:16). 부활을 전제하고 영생의 열매를 기약하는 죽음이다. 그러기에 죽음은 어둠의 터널 입구이면서 천국을 향한 출구가 된다.

훗날, 우리 교인들이 내 부고(訃告)에 "목사님 소천하셨다"며 슬퍼하고, 두 아들이 "아버지 돌아가셨다!" 하고 가슴 철렁 내려앉을 때쯤, 나는 숨이야 끊어졌겠지만 이렇게 말할 것이다.

"아들아, 성도 여러분, 나는 드디어 천국에 도착했습니다!"

그것을 생각하면 죽음과 벗하여 살아야 하는 노년의 삶은 두려움이 아니라 어느 시기보다도 나의 성화를 돕는 유익한 기간이다. 죽음을 안식을 위한 천국 길목으로 이해하고 평화로움을 느끼게 될 것이며 그만큼 느렸던 성화는 빠르게 진행될 것으로 기대해 본다.

이것이 바로 세상을 이기는 믿음이자 죽음을 이기는 나의 고백이다! 내 생애 어디쯤에서 죽음이 왔을 때도 소망을 품을 수 있다는 이것만으로도 하나님을 위해, 늘빛교회를 위해, 35년 〈교사의 벗〉 발행을 위해 수고한 것은 결코 손해를 보는 삶이 아니다. 청지기로서 하나님 장사를 해드렸더니 하나님은 그 이익금의 모든 것을 내게 돌려주신다. 나는 조금 믿었는데 자비의 하나님은 엄청나게 주신다. 이것이 믿음이 주는 유익이다.

종교 공동체의 평균수명은 25년이지만

레바논 출신으로 캐나다 브리티시컬럼비아대학교 심리학과 교수 아라 노렌자얀(Ara Norenzayan)은 《거대한 신, 우리는 무엇을 믿는가?》(김영사, 2016)에서 인류학자 리처드 소시스(Richard Sosis)의 말을 인용한다. 소시스는 19세기에 만들어진 2백여 개의 종교 공동체의 생존율을 조사했는데 놀랍게도 평균 수명은 겨우 25년이었다. 80년 만에 열 개의 종교 공동체 가운데 여덟 개가 해체되었다고 한다.

"한 사람을 오래 속일 수 있고 여러 사람을 잠시 속일 수는 있지만, 여러 사람을 영원히 속일 수는 없다"고 한 링컨의 말처럼(링컨이 남의 말을 인용한 것이라는 말도 있지만), 기독교가 거짓이라면 몇몇 세대를 오래 속일 수는 있고 여러 세대를 일시적으로 속일 수는 있지만 인간 역사 이래 인류의 양심과 본능을 지금까지 속여 가며 존재할 수는 없다.

이렇게 말하면 불교와 유교는 기독교보다 훨씬 오래 살아남았다. 불교는 기원전 6-5세기경에 창시되었고 유교는 중국 춘추시대(기원전 770-403) 말기에 공자의 사상인 유학(儒學)으로 출발했으니 기독교보다 훨씬 긴 역사를 지닌다. 링컨의 말로 역사의 길이를 따지려는 것은 아니다. 석가와 공자는 한 번도 자신을 신으로 내세운 적이 없다. 그러니 두 종교는 석가나 공자보다 가르침을 받들어 오기에 진리냐 아니냐 하는 문제로 기독교와 비교될 수 없다.

기독교는 예수 그리스도를 하나님의 아들 구세주라고 한다. 예수님도 스스로를 그렇게 인정했다. 산상보훈(마 5-7장)의 교훈과 가르침만으로 기독교가 형성되었다면 다른 종교보다 우월하다고 볼 수 없다. 예수님 안에 있는 신성과 인성으로 이루어진 기독교는 긴 세월에 어디서부터라도 깨졌을 것이다. 허구의 종교라면 그렇게 많은 순교자들을 배출할 수가 없다. 불교와 유교에는 순교자들이 소수이고 이슬람은 순교를 자극하는 교리로 순교자들을 배출하고 있기에 엄밀한 의미에서는 종교적 순교자라고 볼 수 없다.

미국 캘리포니아대학교 교수를 지낸 철학자 윌 듀런트(Will Durant)는 "기독교는 틀림없이 신성하다. 악행과 난센스(nonsense)로 가득 차 있지만, 1,700년 동안이나 지속되었기 때문이다"라고 말했다. 예수 그리스도의 교회는 어떤 공격에도 든든한 반석으로 구원과 희망과 위로와 영감을 주고 있다. 그런 믿음으로 약자들이 세상을 이기고 운명을 극복하고 죽음 앞에서도 믿음의 힘으로 이겨 낸다. 이런 힘을 어느 철학, 어느 종교가 주었을까? 진화론이나 '종교 없는 삶'이 주었을까? 예수님을 믿는 믿음만이 세상을 이길 수 있다. 이것이 내게는 믿음이 주는 유익이면서 선물이다. 나는 믿음생활을 100년도 못해 드렸는데 하나님은 영생으로 갚아 주신다!

프랑스의 최고 지성 파스칼 브뤼크네르(Pascal Bruckner)는 나이 듦에 관한 역동적인 사유를 담은 책《아직 오지 않은 날들을 위하여》(인플루엔셜, 2021)에 당신의 묘비에 새길 문장을 미리 적어 놓았다. 읽는 순간에 너무 좋아서 나도 마음에 새겨 놓았다.

"I loved life, it rewarded me a hundredfold."

("나는 인생을 사랑했고, 인생은 나에게 백배로 갚아 줬다.")

이것을, 내 믿음의 문장으로 바꾼다면, "나는 하나님을 사랑했고, 하나님은 나에게 백배로 갚아 주셨다"이다. 한마디를 더하라면, "나는 늘빛교회를 사랑했고, 늘빛교회는 나에게 백배로 갚아 줬다!"라고 하겠다.

이어령 교수가 암에 걸려 시한부 생명을 살고 있을 때 기자가, 뒤늦게 깨달은 생의 진실은 무엇이냐고 물었다. 선생에게, 생의 진실은 무엇이었을까. "모든 게 선물이었다는 거죠. 마이 라이프 87년은 기프트(Gift)였어요. 내 힘으로 이뤘다고 생각한 게 다 선물이더라고."

내 믿음의 생애 역시도 내 힘으로 얻은 것은 없고 모두 선물이었다는 말로 요약할 수 있다. 그 선물들에 오늘도 나는 기쁘다.

이제 내 글을 떠나보낸다. 어디서 누구를 만날까. 내 글을 만나거든 믿음으로 살았던 사람의 기쁨과 고마움을 알아주었으면 좋겠다. 독자님들도 내가 누리는 믿음의 행복과 고마움을 느낄 수만 있다면 40년의 강단을 내려가면서도 나는 기쁠 것이다.

한국 교회는 결코 시시하지 않다. 한국 교회가 때로는 '그리스도께 나아가는 길을 가로막은'(필립 얀시) 악동노릇을 했다 해도 구원과 소망을 싣고 오늘도, 느리고 비틀거리면서 천국을 향해 나아가는 구원선이다. 한국 교회호(號)는 틀림없이 천국의 항구에 도달할 수 있을 것이다. 그 항구에는 보고 싶었던 모든 이들이 나를 기다리고 있다. 믿음이 아니었으면 어찌 이런 기쁨의 만남을 기약할 수 있을까.

늘 좋은 책을 내주는 두란노도 내게는 믿음이 주는 큰 선물이다. 고마움을 전한다. 강지훈과 강명훈 두 아들의 가정으로도 내 삶은 충만하다. 이만하면 내 인생도 괜찮았다. 모두 하나님의 은혜이다.

마지막으로, 늘빛 가족들에게 사랑을 전한다.

오랜 세월에 고마웠습니다!